何から始めていいか
わからないあなたに

好きを仕事に！
はじめての起業相談室

一般社団法人 **キャリア35**

行政書士 **尾久陽子**
ファイナンシャルプランナー **氏家祥美**
中小企業診断士 **楊　典子**
会社経営 **土川雅代**

はじめに

「好き」と「仕事」は最強のタッグ

この本を手に取ってくださったあなた！　新しい一歩へようこそ！

「好きを仕事に？　…人生甘く見てるんじゃないの？」

２０１３年に、起業を支援するキャリア35の私たちは、「好きを仕事に！」のシリーズ第１弾『好きを仕事に！　私らしいローリスク起業』を上梓しました。本のタイトルを目にした先輩方、真面目にキャリアを積んでこられた方々から、時に厳しい一言をいただきました。「起業はそんなに、簡単じゃない」と。

はい、そんなこと、もちろんわかってます。

子どものころのような「ケーキが好きだからケーキ屋さんになりたい」的な夢の描き方では、まともな仕事や起業ができるわけがない。それは確かにそうかもしれません。でも、実際にいらっしゃいますよね。ケーキ好きが高じて、ケーキ職人になった方も。そんな職人さん、素敵じゃないですか。好きなことなら頑張れる。何にでも興味を持って取り組める。自然にスキルが上がるから競争力もアップする。何より山あり谷ありの仕事でも、好きなことだから辛抱できる。私たちキャリア35が考える「好き」は、そんな「好き」です。

「好きを仕事にしたい！　…でも、仕事にできる好きなことって？」
「自分の好きを見つけたい！」

好きを仕事にしたい読者の方々から、「私もぜひチャレンジしたい」と多くの反響をいただきました。そして起業準備よりもっと前段階のお悩みも数多く寄せられました。よし。わかりました。実際にあったご質問、たくさんたくさん集めました。

この本は、**①あなたの「好き」を見つけます！　②「好き」を仕事にするための起業のキホンを伝授します！　③起業直後の方々のお悩みについてアドバイスします！**

さあ、次のページから、スタートしますよ！

✿好きを見つける！ 「魔法の質問」3つの質問を順番に考えてみよう！

質問1 今まで人生で一番達成感を感じた瞬間は？

（例）小学校6年生のとき劇の主役を演じ、観客から多くの拍手を浴びたとき

○ポイント…自分がどんな時に強く喜びを強く感じるか考えてみて。

質問2 1日24時間の使い方を書いてみよう。その中で「増やしたい時間」「減らしたい時間」は何？

○ポイント…自分が何をしたいか、何をしたくないか客観的に考えて、あなたの仕事に対するスタンスを考えてみて。

質問3 自分はコレでお金を稼げる！ と公言できることは何？

○ポイント…自分の持っているスキルや経験を棚卸ししよう。公言できることがないなら、スキル不足かも⁉ 自分で答えられないときは、人に意見を聞いてみて。

※3つの質問に答えられないときは…第2章を読んでみてくださいね！

ところで、私たちの自己紹介が遅れました。

私たちは「キャリア35」。さまざまなフィールドを経て、「好きを仕事」におのおの起業した女性４人のグループです。個々の本業でも、起業・経営・キャリアプラン、ライフプランのご相談をお受けする事業をしています。

結成したのは２０１０年。当時まだ、女性起業家って、少し珍しかったのです。情報を検索しても、盛ったヘアメイクに白スーツ、気の強そうな女社長が「○億稼いだ！」的な肉食系セミナーをしているイメージ。私たち自身が安心して相談するところがなかったこともきっかけになりました。その後はキラキラ起業や身の丈起業が注目され、敷居も低くなりました。今や人生１００年時代。副業も注目されています。

ちなみに「キャリア35」は「きゃりあさんじゅうご」といいます。なぜ35なのかといえば、女性の35歳って、人生の分岐点だよねという思いからでした。結成当時は４人とも35歳前後でしたが、年月は流れ…。この間に、結婚したり、出産したり、子どもが大学生になったり、親のあれこれも経験したり…と、人生の酸いも甘いもさらに噛みしめ生きています。

年齢はいくつになっても、楽しいことがたくさんある！　35の数字は、「人生の岐路」という意味合いと受け取っていただけたら、うれしいです。

「なりたかった自分になるのに、遅すぎるということはない」

英国の女流作家、ジョージ・エリオットの言葉です。日本には「思い立ったが吉日」ということわざもありますね。

「このままでは終わりたくない」

ご相談の場面で、よく伺う言葉です。そう。やってみましょう。大きなことを成し遂げるにも、小さな一歩から。この本では、まずゼロのゼロから月5万円が稼げるようになるまでをイメージしています。

さあ、今日から、あなたの「好きを仕事に」が始まりますよ！

2019年2月

一般社団法人キャリア35

行政書士　尾久　陽子

ファイナンシャルプランナー　氏家　祥美

中小企業診断士　楊　典子

会社経営　土川　雅代

はじめに

第1章 なりたい！ やりたい！ あの仕事

第2章 好きを見つけて仕事にする

第3章 知っておきたい！　起業のキホン

〈マーケティングのポイント〉

〈起業の手続〉

第4章　始める前のモヤモヤ解消

第5章　始めてからのお悩み解決

✿本書は、2019年1月現在の法制・制度に基づいて解説しています。

✿本文中のマークの説明

マーク…本書内のリンクを示しています。

マーク…「好きを仕事に！」シリーズ第1弾
『好きを仕事に！ 私らしいローリスク起業』の参照先を示しています。

第１章
なりたい！ やりたい！ あの仕事

1章

Q1

ひとりで手軽に始められる
仕事がしたい

A

過去の自分の経験を
振り返り、
できそうなことをしてみる

✿何をするか決めないと起業はできない！

女性の起業相談でよくあるご質問です。「具体的にやることが決まっていない」「自分に何ができるかわからない」「手っ取り早く稼ぎたい」「資本金がないのでお金をかけたくない」など様々な理由があります。ある程度の年齢になると働き先を見つけることも難しくなり、そうしたときに「ひとりで」「手軽に」「仕事ができてお金を稼げたら」と思う方は多いものです。もちろんその考えは間違っていませんし、起業のモチベーションとしては悪くはありませんが、何をするかを決めないことには、起業もできませんよね？

✿未経験の仕事よりも経験がある仕事で働いてみよう

まずは自分が過去にしてきた仕事やアルバイト、自分がやってきたことやできることを洗い出してみてください❗。お金をもらっていなくてもボランティアやお手伝いでも結構です。いきなり自分ひとりで始めるというのではなく、興味のある事業をしている場所でお手伝いをしながらスキルを積み、起業の準備資金を貯める、という考え方もアリではないでしょうか？　未経験の物事に取り組むよりも経験がある物事に取り組むほうが知識や経験がある分、早く自分のものになるでしょう。焦らず、手順を踏むことが結局は近道となる場合も、往々にしてありますよ。

❗ 2章－Q1・Q2

1章

Q2

自宅でできる仕事がしたい

A

始めるのは簡単。
でも、メリット・デメリットを
よく考えて開業を！

✿自宅で仕事をするメリットは？

子どもが小さくて手がかかる、介護がある、配偶者が外にでて働くことを嫌がるなど、自宅で仕事をしたい、というご相談も多いです。では自宅で働くことのメリットはどのようなものでしょうか？　まず大きなメリットとしては「場所代がかからないこと」です。事務所やサロンを外で用意すれば、初期費用や毎月かかる固定費が売上を圧迫することは間違いありません。また通勤時間や交通費がかからないこと、家族の様子を見ながら仕事ができることなどいくつものメリットがあります。条件つきですが、家賃や住宅ローンを経費計上することもできます。

✿逆に自宅で仕事をするデメリットは？

しかし自宅で働くことのデメリットもあります。生活も仕事も同じ場所なのでプライベートと仕事の区切りが難しくなる、という話はよく聞きます。また自宅なので生活感が出やすい、不特定多数の人が出入りするとご近所さんの目が厳しい（賃貸や分譲マンションなどでは自宅開業を禁止していることも多い）など。特に女性が一番気になるのは個人情報ではないでしょうか？　ネットショップを運営する場合など、法律で事業者の名称や営業所の住所を表記する義務があることも。そういった場合はバーチャルオフィスやレンタルオフィスを使う、という方法もあります。

📖自宅兼事務所、どこまでが経費になる？→『好きを仕事に！』Q28

1章

Q3

地域を活性化したい、困った人を助けたい

A

まずは地域の人と
じかに交流していこう

✿相手のこと、知っていますか？

すばらしい！　起業によって社会環境が良くなったら、本当に意義深いですよね。ただ、気をつけてくださいね。その対象の地域や困っている人からしたら「ありがた迷惑」なプランを、あなたの想像だけで作ってはいませんか？　相手のことを考えず、自分の思いの実現ばかりを考えていませんか？

ニュースや資料から、社会問題などの改善要素は調べることができます。しかしそこにいる当事者にとっては、当事者なりの背景や思いがあります。それを無視してあなたの正義を押しつけても、やりたいことは決して実現しません。

必ず、多くの当事者の生の声を聴き、そのうえで、あなたの思いを伝え、あなた自身に何ができるのか、率直な意見を集めてください。

✿相手の顔をしっかり見て関係づくりをしよう

あなた自身に、その地域や対象となる人とのネットワークがないこともあるかもしれません。小さくても、既存の地域の集まりや、当事者団体または困っている人たちの存在が必ずあるはずです。まずは、自分から出向いて、その仲間に入れてもらうことです。すでにあるコミュニティには、暗黙のルールもあります。郷に入り郷に従うことで、また新たな発見があるはずです。自分のプランを実行するのはそれから後の話です。

1章

Q4

子育てママをサポートしたい

A

10年後も続けられるビジネスを考えよう

✿ママの居場所作りだけで収益化できる？

子育て中のママからよく出てくるのが、「ママの居場所を作りたい」というビジネスプランです❗。そこでこのプランについて、もう少し具体的に考えてみましょう。

「居場所」を維持するには最低限、物件の家賃とスタッフの人件費がコストとしてかかってきます。その費用をどこから捻出するか、見当はついていますか？ イベントや講座などを開催して子育て中のママから会費を集めるのか、行政から出してもらうのか、企業からの協賛を募るのか…。いずれにしてもお金を出す人が、納得して資金を出し続けたくなるための仕掛けが必要です。

✿10年後もその情熱を維持できる？

「ママの居場所を作りたい」という人の多くが、現在子育て真っ最中のママたちです。そんなママたちに質問です。「ママの居場所にかけるその情熱を、お子さんが中学生になったときも維持できると思いますか？」

子育て中の気づきを大切にしてビジネスを起こすのは、とても素晴らしいことです。これまでも、家事代行や病児保育、民間の学童保育などたくさんのサービスが生まれてきました。工夫を凝らして作られたものは、長期で成長を続けています。どうやったら、10年後も情熱を傾けて続けられるビジネスになるのか、考え抜いてみましょう。

❗1章―Q13

1章

Q5

スキマ時間で私のスキルをお金にしたい

A

ビジネスマッチングサイトの活用を

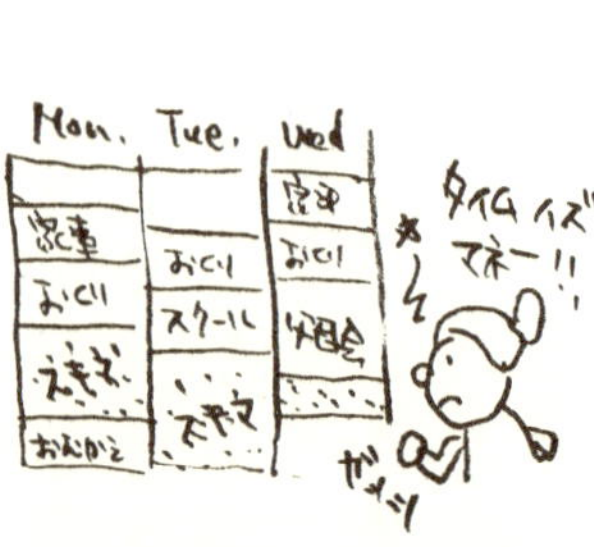

✿マッチングサイトでスキマ時間に働いてみる

スキルを活かしてお金を稼ぎたい人と、仕事を依頼したい人をつなぐ便利な存在が、ビジネスマッチングサイトです。プロとしてすでに仕事をしている人はもちろん、スキマ時間を有効活用したい会社勤めの人でも、利用できます。

広告宣伝などに手間もお金もかけずに手軽に仕事を始めることができるので、忙しい人にはピッタリでしょう。

✿デスクワークから、体を動かす仕事まで

例えば、デザイン、翻訳、執筆、データ入力などを請け負いたいと思うなら、インターネットサービスの「クラウドワークス」や「ランサーズ」が便利です。会員登録をしておくと、利用希望者からの依頼を見ることができるので、自分にできそうな仕事があったらエントリーしておきましょう。仕事を受注、納品したら報酬を受け取ることができますが、このときマッチングの手数料として、報酬の一部が差し引かれます。

この他、作り置き料理や整理収納が得意なら、家事代行のマッチングサイト「タスカジ」でも活躍できるかもしれません。どんな人が登録しているのか、どんな仕事があるのか、まずはサイトを見てみましょう。

登録する前に、お客さんとして利用してみると、具体的なイメージもわきやすいですよ。

Q6

アフィリエイトをしてみたい

A 稼ぐには 時間も労力も必要。サイトを育てる意識で

✿アフィリエイトビジネスは今も人気

気軽に始めることができて、おこづかいが稼げると評判のアフィリエイト。アフィリエイトとは、自身のブログやホームページに特定の企業の商品やサービスの広告を掲載し、訪問者がその広告をクリックしたり実際に購入したりすることで、成果報酬が手に入るというビジネスです。月に50万円以上も稼ぐアフィリエイターが登場し、その手法が情報商材として販売されたことで、一般にも広く知れ渡りました。副業として今、人気のビジネスとなっています。

✿気軽だけれど稼ぐまでには時間がかかる

アフィリエイトはパソコンとネット環境があれば気軽に始めることができ、初期投資もあまりかからないという手軽さがメリットです。記事を書く時間にも縛られないため、仕事の後や子育ての合間に進めることもできます。

ただし難点なのは、情報のあふれるネットの中で、人に読まれる記事を書き続けるということはハードルが高いこと。そして4人に1人は無収入で、約4割は月に千円以下の収入（＊）ということです。やるからには時間と労力をかけてサイトを育てるという意識が欠かせないビジネスです。

（＊）2017年・アフィリエイトマーケティング協会調べ

1章

Q7

転売（せどり）をしてみたい

A

利益目的の転売には古物商の許可が必要ですよ

✿転売（せどり）は人気の副業

転売とは、中古品や新古品を安く仕入れて、高く売ることで、利益を出すビジネスです。最初は古本を中心に行われていましたが、今では家電や衣類など、あらゆるジャンルで行われており、通称「せどり」と呼ばれています。人気の背景にはオークションサイトや個人売買のサイトの登場があります。これによって専門知識を持たない個人でも、商品の相場を調べて、それより安い出品や販売があれば購入し、相場価格で出品するということが可能になりました。スキマ時間に稼げる副業として、高い人気を誇っています。

✿仕事にするなら、古物商の許可が必要

このビジネスの良い点は、気軽に始めることができ、差額の大きい物を見つけることができれば、それなりの利益が見込める点です。

一方、注意すべきは、自分の物を売るのではなく、「商売目的で継続的に利益を出す意思がある人が、古物（一度人の手に渡ったもの）を買取りして他の人に売ったり交換したりする場合は、盗難品の流通を防ぐため、古物商の営業許可が必要」という点です。警視庁の古物営業法に関するサイトに詳しいガイドがありますので、転売を始める前にチェックし、必要な手続きを済ませてから始めましょう。

1章

Q8

フリマアプリで稼げる？

A

〝気軽に売買〟が魅力。
ハンドメイド作品の
デビューにも使える

✿フリマアプリでの売買が人気

フリマアプリとは、フリーマーケットのようにユーザー間（個人間）で売買・商取引が行えるスマートフォン向けサービス、アプリの総称です。定価販売（売り手が決めた価格）が基本なので、オークションサービスより契約成立までの時間が短く手間がかからないことで、気軽に売買をしたい個人に人気があります。

「メルカリ」を筆頭に、「ラクマ」や、ハンドメイド系に強い「minne（ミンネ）」など様々なサービスが登場しています。自宅にある不要品を売ることがメインですが、ハンドメイド作品の販売やオーダーメイド品の販売にも使いやすい仕組みです❗。

駆け引きの労力が少なく、匿名配送も可能なサービスも提供されているため、ハンドメイド作家のタマゴさんにとっては、気軽に一歩を踏み出せるツールです。

✿著作権法違反に気をつけて

ハンドメイド品を出品するときは、人気キャラクターのデザイン利用や、ブランド品の模倣などで、著作権や商標権の侵害をしないように注意を。布地そのものにも版権があるものが多く存在しています。出品禁止の処置ならまだいい方で、著作権法違反で権利者から損害賠償請求されたり、刑事罰を受ける可能性もあります。材料を購入する前に、メーカーや手芸店に商用利用の可否を確認しておくと安心です。

❗（他人の物を買い取りして売る場合）1章－Q7

1章

Q9

「民泊《みんぱく》」って気軽にできる？

A

発展途上のビジネス。
オイシイ話には要注意！

✿民泊ビジネスが拡大中

空き家や自宅の一部を有償で貸し出すのが民泊ビジネスです。Airbnb（エアビーアンドビー）が世界中で広まったことで、利用者が増えています。国をあげて「観光先進国・日本」に取り組む中、宿泊施設が追いついていない状況が生まれており、民泊ビジネスをチャンスと捉えて、副業や本業として取り組む人たちも増えました。

これまでになかったビジネスだけに、無許可営業などのトラブルも多発しましたが、2018年に住宅宿泊事業法（民泊法）が施行され、民泊を行う場合には、①旅館業法の許可を得る、②国家戦略特区法（民泊特区）の認定を得る、③民泊法の届出を行うなどの方法から選択することになりました。民泊の所在地となる都道府県などの条例により、営業日数の上限や必要設備などが異なります。厚生労働省と国土交通省が運営する「民泊制度ポータルサイト」に詳しい情報があるので、確認してみてください。

✿悪徳業者にご用心

このビジネスの注意点は、「簡単に稼げる」を謳い文句にしたセミナーや会員組織への勧誘が横行していることです。高額な運営マニュアルを販売したり、相場よりずっと高い代行・サポートサービスを契約させせられたりということも多発しています。

発展途上のビジネスだからこそ生まれる危険な「オイシイ話」には注意しましょう。

1章

Q10

ハンドメイドを仕事にしたい

A

材料費や在庫置き場を熟考しよう

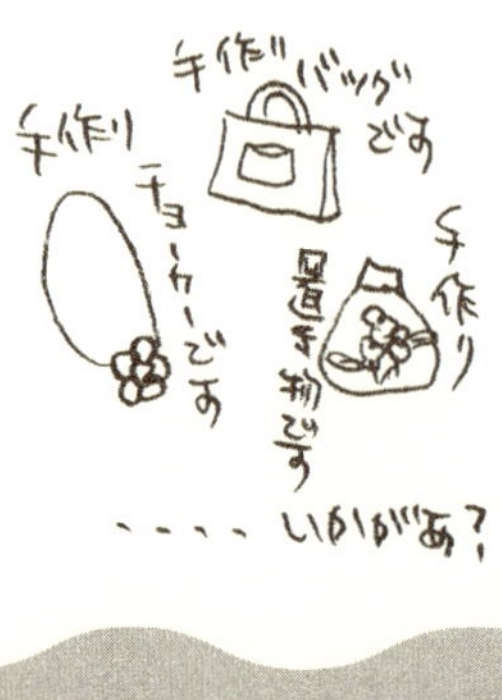

✿趣味と実益を兼ねたビジネス

アクセサリーなどのハンドメイド作品を売る仕事をしたい、というお話しも起業相談ではよく伺います。自宅で空き時間にできますし、ハンドメイドが好き、得意という方にとって趣味と実益を兼ねたビジネスでしょう。ネットやアプリを使って販売すれば、遠方の方にも購入していただけます。

ただし意外な落とし穴もあります。つい材料を買い過ぎて在庫を抱えてしまうことも往々にしてあります。使わない材料や流行りを過ぎてしまった素材が増えて、その置き場に困ってしまうこともあります。理想としては、オーダーをいただいてから必要な材料を購入すればロスは少なくて済むのですが、サンプル商品を作るなど、売れない場合でも材料費は発生するでしょう。

✿思った以上に純利益が上がりにくいというデメリットがある

材料費が300円のものを500円で売るとすると、1時間かけて作ったなら、あなたの時給は200円ということです。材料費や制作時間を考慮すると、思った以上に純利益が上がりにくい、ということは心に留めておいたほうがいいかもしれません。バザーやフリーマーケットなどで実売する場合、ハンドメイド商品には意外と安い価格がつけられていて、安くないと売れないという実情も考慮すべきでしょう。

📖商品やサービスの価格はどうやって決める？→『好きを仕事に！』Q12

1章

Q11

体を癒す仕事がしたい

A

十分な実地経験と
自分自身の
心と体の強さが必須です

✿経験を積むことがまずは必要

セラピストになりたい、マッサージなどで起業したい。時間の融通もきき自分が習得したスキルで仕事をしたい、そう考える方も多数います。自分が癒されたから、今度は自分が癒す立場になりたいと考える人も多いようです。起業する際に、初期コストが抑えられ在庫を抱えなくてもよいので、金銭的持ち出しが比較的少なく手軽に始めることができるビジネスといえます。しかしマッサージやエステなどのセラピストで独立したいなら、経験を積むことが必須です。人の下につき、店舗に勤務してみてそれから独立することを、まずは考えたほうが無難かもしれません。資格を取ったからといって、すぐにできる仕事ではないことを念頭に置いておきましょう。

✿自分自身の心と体が強くなければ挫折しやすい面も

この種の仕事を始めるまで意外と気がつかない部分ですが、セラピストの仕事は様々な心・体の悩みや疲れを持ったお客様と接することが多いため、自身の精神面や肉体面で疲れを感じることが増える可能性が高まります。ですから、自分自身のメンテナンスもしっかり行う必要が出てくるでしょう。「ハンドマッサージの資格を取ったから、すぐに仕事ができるはず！」などという安易な考えだと、早々につまずいてしまうことも ある業種だということを心に留めておいてください。

📖上手くいかなかった場合の打開方法は?→『好きを仕事に！』Q51

1章

Q12

カウンセリングを仕事にしたい

A まずは有料カウンセリングを体験してみよう

✿在庫なし・身一つで今日からできる！

ひとりで、在庫を抱えずに、スキルが活かせる「カウンセリング業」は魅力的です。悩んでいる人はゴマンといます。人のためにもなる、意義のある仕事といえます。

ただし、人が悩みを解消する方法は多岐にわたります。占ってもらう、弁護士などの専門家に相談する、旅に出る…。カウンセリングを受けずとも、悩みを解消する方法はたくさんあるのです。相談者が自分自身の性格や過去の生き方を見つめなければならないことの多い心理カウンセリングは、他の悩み解決法よりもハード。カウンセラーに相談するのは敷居が高いというのが、一般の方の本音です。つまり悩みがあってもカウンセリングを受けたいと考える人は意外と少ないのです。カウンセリングを希望する人の多くは、具体的な問題を抱え、それを解決したいという強い希望があります。ただ悩みを聞きます、だけでは満足されないことも多いのです。

✿ところで、あなたは、人にお金を払って相談したことはある？

カウンセラーになりたいけど、お金を払って相談をしたことはないという人がいます。お金を払って相談するのがどれだけ大変か、自分でも必ず体験してみてください。きっとカウンセリングに期待する「価値」や、それを提供する難しさ、そして自分ならどうするかというアイデアに気づくことができますよ。

資格はあっても実務経験がなければ起業は無理？→『好きを仕事に！』Q6

1章

Q13

みんながつながる場所を
作りたい

A

楽しそう!
でも結構コストがかかりますよ

✿スペースを維持する費用はバカにならない

子育てママの集まりや地域住民のつながり、空き店舗の活性化、新しいコミュニティづくり…。つながる場の開設は、実は多くの人が夢抱く憧れの事業です。

もっともコミュニティスペースの運営は、むしろ飲食店や販売店を開くよりも大変な事業ともいえます。スペースの人気は立地や内装の雰囲気に左右されますから、ただ場所があればいいというものではありません。お客様が来なくても家賃や維持費は毎月かかります。固定費をいかにペイするかが大問題になるのです。

✿仕組み作りには知恵を絞って！

単に人と人とのつながる場を作ることが目的なら、ネット上で会員制サイトを開く方法もあります。その都度、会議室やレンタルスペースを借りて交流会を開く方法なら、むしろ場所を固定しないことで地域に限定されない集客が可能にもなります。

それでもやはり、どうしてもリアルなスペースを開きたいときは、安定して収入が入る仕組みを作ることが重要です。受付スタッフが、他社から請け負ったパソコン仕事をしたり、スペースの一部を会費制のボックスショップにしたり。生き残っているスペースは、それぞれ工夫を凝らして収入を得ながら、場を維持しています。

インターネットでの集客・販売って難しい？→『好きを仕事に！』Q20
コストを抑えて事務所を持つには？→『好きを仕事に！』Q29

1章

Q14

ライターになりたい

A

資格なしでも稼げるけど鍛錬は必要かも…

✿未経験だと最初は安価な仕事しかない可能性が

ライターとして活動するために特別な資格は必要ありません。ネット環境さえあれば、仕事も比較的多く、文章を書くことが苦ではないなら、自宅で気軽に始めることができる仕事ともいえます。ただ、経験がないと仕事も少なく、「未経験者不可」の場合も多い職種です。ネット上で公募されている「未経験者大歓迎！」という案件は相場よりもかなり単価が安く、仕事として行うにはあまり割のいいものではないことも…。しかし経験値を上げるためと割り切って、まずは仕事をどんどんこなし、いずれ高額なライティングを請け負うようになる、というケースもあります。

✿コピー＆ペーストは厳禁！

ライターといっても様々なジャンルがありますが、とにかく数が必要な安価な記事作成の依頼の場合、既存の記事からコピー＆ペーストをする人もいます。そうしないと割に合わない、時間が足りないという理由で、ばれなければ大丈夫と思っているかもしれませんが、これは著作権の侵害にあたります。現在ではそれを防止するために無料で調べることができ、どの程度の内容重複かを調べるサイトもあります。ばれた場合、（当たり前ですが）原稿料はもらえません。信用も失います。ライティングの際には必ず自分自身でリサーチし、一から書き起こす必要があります。

1章

Q15

ヨガインストラクターになりたい

A

一に集客、二に集客。場所にも注意を払って

✿スキルも大事だけど集客が最も大事に

ヨガやダンスなど趣味が高じて「自分も先生をやってみたい」と考える女性も多いです。ヨガやダンスで独立する場合、ご自身のスキルやキャリアはもちろん大事なのですが、起業となると一番重要な問題は「集客できるかどうか」であることを忘れないでください。実際にヨガインストラクターで独立している方に伺うと、ヨガの個人レッスンを、もしくは少人数のグループレッスンをしてほしいというニーズは意外にも少ない、ということです。ヨガを習いたい方はフィットネスジムなどに併設されているヨガクラスを受講する場合が圧倒的に多い、というお話しでした。

✿レッスンを行う場所にも留意しよう

またヨガやダンスを行うとなると、ある程度の広さがある場所が必要です。自宅でできる、という方もいらっしゃるとは思いますが、基本的にはどこか場所を借りるか自身でスペースを持つかの選択になると思います。気をつけていただきたいのは、区や市などの公共施設では営利目的の利用はNGという場所も多いということ。ビジネスとしてヨガやダンスを行う場合は借りる場所にも注意しましょう。自分で場所を運営したいという場合、初期費用もかかりますので、まずは場所をレンタルし、教室が軌道に乗ってから自分の場所を持つことをオススメします。

📖お金をかけずにお客様を集めるコツは？→『好きを仕事に！』Q16

1章

Q16

料理教室を開きたい

A

内容や場所は最初によく考えて。そして、しっかり目立つ特長を打ち出そう

✿自分の強みを出すことで集客を促そう

料理好きな女性が「料理教室を開いて独立したい」と考えるケースもよくお聞きします。趣味の延長線上で料理教室を開き、いくらかの費用をもらうという場合、特に保健所の許可も必要はありません（ただし食品の製造・販売をする場合には保健所の許可が必要です）。野菜ソムリエや食育インストラクター、漢方コーディネーターなど、今や食に関する資格も数多くありますので、何か資格を取得して、「ここに行けば○○に関する食が学べる」と、得意分野をアピールしたほうがいいでしょう。

✿自宅で教室をするならクレームに注意

生活感は出てしまうかもしれませんがアットホームな雰囲気を目指すのであれば、自宅での料理教室も良いでしょう。自宅で教室を開く場合に気をつけたいことは、不特定多数の人が出入りするので近隣住民からクレームがくる、喋り声がうるさいと注意されるなどが考えられます。多少気遣いが必要になるでしょう。また自宅に知らない人を呼びたくないからと、知り合い限定で集客をすると、人が集まらずビジネスとして軌道に乗りにくいので、要検討です。またキッチン付きのレンタルスペースを借りるのも一つの方法です。ただキッチン付きのレンタルスペースはやや高額なので、参加費を高く設定するなどの工夫も必要になってくるかもしれません。

📖魅力や特長、アイデアを出すいい方法は？→『好きを仕事に！』Q5

1章

Q17

整理収納で開業したい

A

ファン作りが大事。まずは経験値を上げて

✿整理収納だけのサービスでは不十分？

整理収納に関する資格もあり、近年人気を集めている整理収納関係のお仕事。もともと掃除や片付けが好き、散らかった場所を綺麗に整えることで快感を覚える、という方にはうってつけのお仕事かもしれません。ただ、整理収納をアドバイスしたり、実際にお宅に伺って整理収納を行うというだけでは、ビジネスとして運営していくのはなかなか厳しいのが現状でしょう。お客様となりうる方は家事が苦手、時間が足りないなどの理由で家を綺麗にしてもらいたいと依頼するわけですが、その場合、整理収納のアドバイザーよりも家事代行会社に依頼をする場合が多いからです。家事代行は法人で行っており、依頼する側も安心できますし、複数の中から人も選べるため、最近は家事代行サービスを利用する人が増えてきています。

✿家事代行サービスに登録し、まずは動いてみよう

整理収納アドバイスで独立起業したいと思うなら、まずは家事代行のサービスに登録し、そこで経験を積むのはいかがでしょう。資格を取っただけでお客様があなた個人にいきなり依頼するかといえば、それはなかなか厳しいからです。家事代行会社や知名度のある団体に登録し、そこであなたのファンを獲得して増やしていくことが、実は独立するためにとっても必要なことです。急がば回れと肝に銘じてください。

📖資格はあっても実務経験がなければ起業は無理？→『好きを仕事に！』Q6

1章

Q18

資格を活かして起業をしたい

A

資格は入口、研鑽を積んで自分の強みを打ち出そう

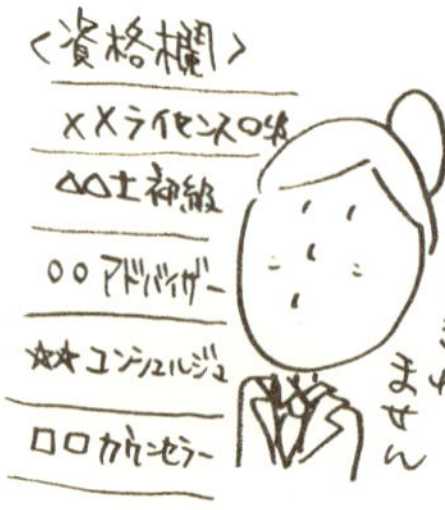

✿資格があるから仕事がくるものではない

国家資格から、あらゆるジャンルの民間資格まで、世の中にはたくさんの資格があります。頑張って勉強して取得した資格を活かして起業をしてみたい方も多いでしょう。しかし資格者だからこそ、はまりやすい罠があるので注意してください。

資格取得であなたが苦労したほどは、世間はその資格を評価してはいません。法律で独占する業務がある国家資格ならともかく、一般的に、資格の有無はお客様が依頼を判断する決定打にはならないのです。また資格を持つ人は次から次へと資格取得に走る傾向にありますが、資格と収入は必ずしもイコールにはならないものです。

✿資格団体をうまく活用して！

「資格者として」という気構えも、起業の際には要注意です。重要なのは資格を知ってもらうことではなく、お客様にあなたの人柄や信頼性、スキルを知っていただくことです。お客様に喜んでいただく働きをすることがビジネスだということを忘れないでください。とはいえ、資格団体が行う研修や情報交換の場に参加できることは、起業初心者には魅力的なものです。仕事の紹介や経験を積める制度がある団体もありますから、自己研鑽の場として賢く活かしていきましょう。

📖 資格での起業は成功している同業のまねで大丈夫？→『好きを仕事に！』Q4
資格はあっても実務経験がなければ起業は無理？→『好きを仕事に！』Q6

1章

Q19

人を紹介する事業をしたい

A

雇用のマッチングをするなら
労働法の知識が必要

✿紹介した人が、どのような形で働くかが問題

優秀な人を紹介したい、人と企業をマッチングさせたい。熱い思いがあってもやり方を一歩間違うと、なんと！ 悪徳ピンハネ業者になってしまうので注意してください。

紹介した個人または会社が、事業者として独立した立場で紹介先の業務を受託するのであれば問題はありません。注意しなければならないのは、紹介した人が紹介先で勤務する場合です。契約上は業務委託でも勤務場所や時間が拘束され、指揮監督される関係であれば、労働者とみなされる可能性があります。

就職先を斡旋する事業の場合は、働く人からは絶対に紹介料を取ってはいけません。また事業をするには、労働局から有料職業紹介事業の許可を受けることが必要です。

このような事業を計画しているときは、社会保険労務士や弁護士に事前に相談し、労働法違反とならないように、くれぐれも注意してください。

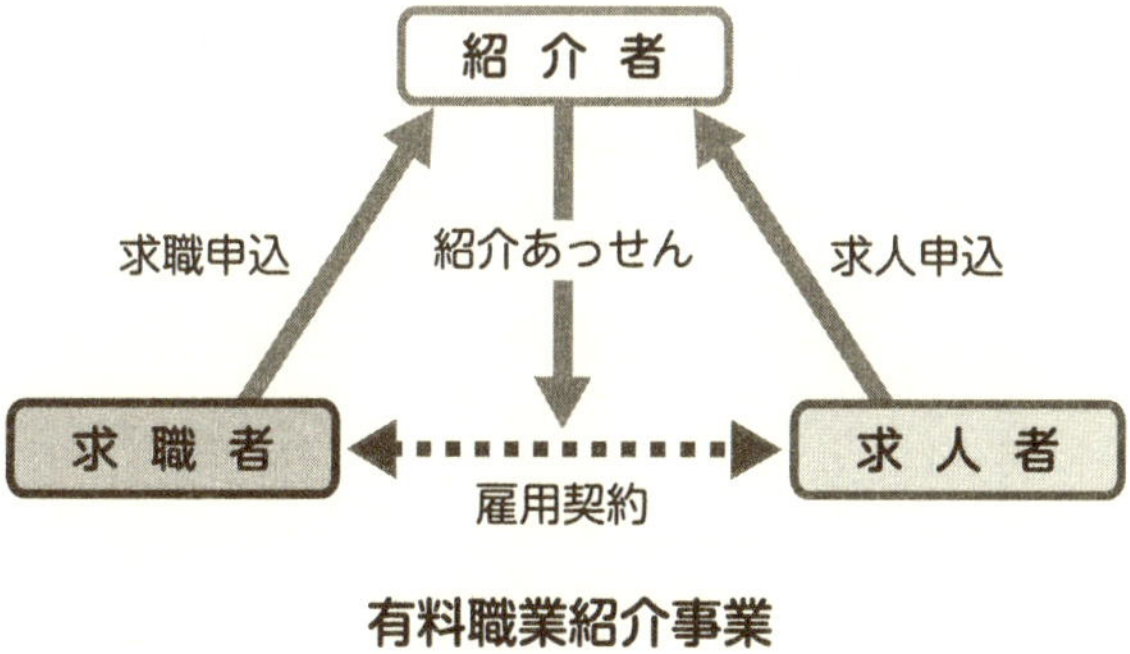

有料職業紹介事業

1章

Q20

空いている場所を貸して稼ぎたい

A

立地が命。
ニーズがあるか要検討

✿既存の貸しスペースを自分で使ってみる

持ち物件を使って民泊をしたい❗、貸しスペースにしたいというケースもあります。まず本当にその場所で貸しスペースのニーズがあるかどうかを調べてみてください。インターネットで【住所＋貸しスペース】【住所＋レンタルスペース】などのキーワードで検索してみましょう。すでに1つか2つでもあれば、そこをお客様として利用してみます。料金体系やサービス内容を見てみることで、実際に自分の物件でどれほど売上が立ちそうか検討してみてください。固定資産税や修繕費など物件の維持費を考え、それでも利益が出そうなのであれば前向きに検討してみましょう。

✿単発利用がほとんどなのでマンション経営とはワケが違う

ただし、検討している周辺地域に貸しスペースなどがない場合、そもそもその場所でお金を払って借りたいと思う人がいない可能性が高いです。無料や格安で使える公民館のような施設がある、不便、少し離れたところに繁華街がありそこを利用する人が多いなど、わざわざ貸しスペースを借りようとする人がいないというケースです。せっかく貸しスペースを用意しても、借りたいと思う条件から外れていれば集客は難しくなります。マンションオーナーなら毎月決まった家賃が入るかもしれませんが、貸しスペースは単発利用の場合が多く、固定の金額は入りにくいものです。

❗1章－Q9

1章

Q21

海外のダイエットサプリを輸入して販売したい

A

ビジネスにするには厳しい規制のクリアが必要です

✿個人輸入での販売は禁止されています

輸入するには、税関の許可が必要です。許可を受けるには、様々な法律で定める輸入規制品ではないことを証明しないといけません。そして輸入品には関税がかかります。個人輸入のレベルでは、スルーしてしまうこともあるかもしれませんが、個人輸入はあくまでも、自分のためだけに、自分が使用・消費することを目的とするものと定義されています。

✿サプリメントを輸入するには

海外の仕入先から「原材料配合表」を入手し、その成分が日本では医薬品となるのか、食品となるのか判別する必要があります。原材料のすべてが食品として確認できたときには、食品衛生法に基づいて厚生労働省検疫所による衛生上の安全チェックを受け、輸入通関の前に厚生労働省検疫所に「食品等輸入届出書」を提出します。食品か医薬品かの判別は、各都道府県の薬務担当部署に要相談です。

✿国内で販売するときにも注意は必要

やっと国内で販売できても、「何もせずにスルスル10キロ減量！」なんて広告を出したら一発で違法業者の仲間入りです。「健康食品」「広告規制」のキーワードで国や都道府県のガイドを検索・確認し、適正な販売をしてくださいね！

周囲の人やブログを見て、「この仕事いいな〜」と色々夢膨らむこともあります。
でも気軽に始めて気軽に儲けることができる仕事なんて、まずありません。
自分が継続できるか、頑張れるか、じっくり考えてから始めてみましょう。

第2章
好きを見つけて仕事にする

2章

Q1

仕事になる「好き」ってどんなもの？

A

「好き」から「行動」を起こしてみよう

✿仕事につなげやすい「好き」とは

「好きを仕事にしてみましょう。さあ、あなたの好きなことって何ですか？」と聞かれたとき、即答できる人は意外と少ないものです。

旅行が好き、食べ歩きが好き、ある芸能人が好き…、好きにも色々ありますが、それを仕事につなげるとなると、なかなかピンとはこないものですよね。

あまたある「好き」の種類の中で、仕事につなげやすい「好き」とは、「それをしていると、時間も忘れるくらいに熱中してしまえる」「それをしていると心がワクワクする」こと。そして、そこから利益を生み出せるかは、「好きを仕事にするための行動を起こしているかどうか」にかかっています。

✿好きから行動を起こせる？

例えば「スイーツが好き」な人が、隠れ家的なスイーツのお店を見つけ出し、ワクワクしながら食べて満足しているとします。確かにスイーツが好きではありますが、この「好き」は仕事のタネとしてはかなり弱いでしょう。

この先にもし「食べた感想をブログやSNSに書く」という行動や、「自分でもスイーツを作ってみて、そのお店の工夫を再現する」という行動をしている場合には、これは利益を生み出す仕事のタネとしてかなり可能性が出てきます。

2章

Q2

自慢できるスキルがない

A

スキルを組み合わせてニッチを狙おう

✿身につけたスキルを組み合わせて活かす

胸を張って「これが大好き」とまでは言えなくても、これまでの仕事や趣味の経験の中で、ちょっと得意なことや身につけたスキルってありますよね。

ファミレスのアルバイトで笑顔の接客をした。営業事務の仕事に就いて、請求業務を担当していた。業務のマニュアル作りを任されたことがある。趣味の書道で師範の免状を持っている、などなど。身につけてきたそのスキル、実は金の卵かもしれません。そのスキル単体では仕事にならなくても、スキルを組み合わせることで、他と違うオリジナリティや特徴あるサービス・商品を生み出すことができるものなのです❗。

例えば、コーチングの資格を持っている人が、塾講師アルバイトの経験を活かして「受験生専門のコーチング」を提供する、お菓子作りが好きな人が、自分のダイエット経験を活かして「低糖質マフィン」を販売するなども考えられます。

✿ニッチ市場を狙おう

小さな起業を確実に成功させるために大切なのは、市場の隙間（ニッチ）を狙っていくこと。ニッチマーケットとは、小さ過ぎて大きな利益が狙えないために、大企業が狙わないような市場のことです。アルバイトも含めた仕事の経験で得たスキルや、趣味で身につけたスキルを洗い出して、自分らしい組合せを見つけましょう！

❗2章—Q8

2章

Q3

「好き」と仕事がつながらない

A

好きにまつわる仕事を調べてみよう

✿自分の世界は思ったより狭い

「子どもの教室を開きたいけど、教員免許もないし…」

自分の好きを考えるときに、意外に大きなハードルとなっているのが、自分の思い込みだったりします。それは「徹底的なマニアじゃないと、好きとは言えない」だったり、「これが好きと言えば、この仕事しかないでしょう?」だったり。

世の中実際にそうなのか、というと、決してそんなことはありません。思い込みを外すには、周りを見渡すのが一番。自分の世界は思うより狭いのです。

✿「好き」の周りにある仕事を調べてみよう

好きとつながる仕事のタネを見つけるためにオススメなのが、自分の興味を中心にすでに世の中に存在する仕事を調べてみること。

例えば、「育児」に関心のある方が仕事としてパッと思いつくのは、学童運営やママカフェだったりします。でも、育児の周辺には、育児用品の製造や輸入販売、幼児教育、学習塾、ベビーシッター、家事代行、リサイクルショップ、子ども向け食品製造など、たくさんの仕事が存在しています。

調べてみれば「こんなことも仕事になるんだ!」という驚きと、「これならやってみたいかも」という、「好きとつながる仕事」に出会える可能性が高まりますよ。

2章

Q4

「好き」が見つからない

A

「引き算型の好き」もアリ！

✿好きなことではなく「嫌いなこと」「苦手なこと」を考えてみる

自分は何が好きなんだろう、と思い悩むこともあるでしょう。好きを見つけることって、簡単そうで実は難しいのかもしれません。

そんなときは逆転の発想をしてみましょう。つまり「嫌いなこと」「絶対にやりたくないこと」をピックアップしてみるのです。例えば「裁縫などの手作りは苦手」という方は、モノづくりなどをせずに、営業代行で起業をしてみる、「子どもと接することは苦手」という方は親子や子どもと接しなくてもいい事業内容を考える、というのはいかがでしょうか。

✿やりたくないこと、苦手なことをピックアップ

このとき注意するのは、「絶対にやりたくないこと」を真剣に考えることです。「ガマンすればできそう」「まあやってもいいか」レベルの「苦手」では意味がありません。会社など組織に属して仕事をする場合、やりたくないことや苦手なことも「しなければならない」ときもあります。でも、起業をするのですから、自分が好きに事業内容を考え、自分がやりたいことを積極的に行えばいいのです。起業してまで自分の気が進まないことをする理由は何もありませんよ。だからこそ「絶対にやりたくないこと」を真面目に考えてみてくださいね！

2章

Q5

「好き」が多過ぎて、決められない

A

「稼げるもの」を選び仕事にしよう！

✿できることを洗い出す

「フラワーアレンジができます」「料理も得意です」「派遣で営業補佐をやっていました」「子どもを2人育てています」「経験はありませんが○○の資格は持っています！」などなど。できることや経験したことがたくさんあり、その経験を活かして起業する気満々という場合もあるでしょう。ただ、あれこれ手を出し過ぎて、「一体私がしたいことは何だろう」「何を仕事にしたらいいの？」という迷える子羊的になってしまったご相談もよくあります。

✿稼げそうなものを選び出す

まず紙に、自分ができること（紙の真ん中に線を引き、右には経験があること、左には経験はないができそうなこと）を箇条書きで書き出してみてください。そして「これは儲かりそう（手堅く収益を上げることができそう）」という順番に、番号を振っていってください。自分がやりたい・やりたくないは別として、まずは収益が上がりそうと思ったことを実行してみてください。それがうまくいけば、その資金を元に儲かるかどうかわからないけれど自分がやりたいことに進んでいくほうが堅実でしょう。書き出した一覧の中から、「収益が上がりそうなものはどれか」を、配偶者や友人、コンサルタントなどに客観的に見てもらい、意見をもらうこともオススメです。前項（Q４）の「引き算型の好き」と比べて、自分にマッチするほうでやってみてください。

2章

Q6

仕事になるスキルが思いつかない

A

自分の経歴書を作ってみよう

✿起業するのに経歴書？

起業しようかな、という方にこそ書いて欲しいのが「自分の経歴書」です。「転職・就職するならわかるけど、なぜ起業で?」と思われるかもしれませんが、起業のタネ探し&自分の売り探しをするために実は効果的なツールなのです。枚数は1~2枚で十分です。自分がこれまでにやってきた仕事や成し遂げたこと、そこで得たノウハウを時系列でまとめてみましょう。

✿起業成功で大切なのは「経験・ノウハウ」

中小企業庁が起業者に行ったアンケートで、起業が成功した要因のトップは「経験とノウハウ」でした。そう聞くと、飲食店なら飲食店勤務の経験が、ネイルサロンならネイルサロンでの勤務経験がないとダメなのか、とがっかりしてしまいますよね。でも、ここでいう「経験・ノウハウ」とはもっと広いものです。直接その仕事をしていた経験があるのはベストではあります。しかし、例えば宝飾店で販売をしていた方には女性に対する丁寧な接客という経験やノウハウがあり、「富裕層の女性への接客力」が起業にあたっての売りになる可能性があります。

自分の経験を振り返り、経歴書を書いてみることで、自分の持っている売りになり得る経験やノウハウをぜひ思い出してみてください。巻末に自分の経験やノウハウを棚卸しするためのワークシートを用意しています。活用してくださいね！

2章

Q7

自分の強みがわからない

A

自分のキャッチコピーを作ってみよう

✿自分の売りは、キャッチコピーと考えればいい

自分のスキルや経験の中で、一体どれが売りになるのか…、悩みますよね。絶対これで行ける！　という自信が持てずに焦ることもあるでしょう。そんなあなたは、まずは落ち着いてください。ほぼ100％、相手（顧客となりうる第三者）は、初対面のあなたの実力や客観的な評価をよく理解していません。

今のあなたができることは、「○○の××」というキャッチコピーで、名前を覚えてもらうのがせいぜいです。印象に残せるのは2フレーズ、最大3フレーズまで。「××を経て○○を目指し…」なんていうのは論外。例えば「英語の田中です」。「市内に1軒しかないドイツパン屋です」。これは私だけ！　という持ち味を一言で表現してください。この一言が、あなたの「売り」のすべてです。

✿市場価値を確かめるなら、就職面接を受けてみてもよし

自己発信ではなく、客観的な市場価値が知りたいならば、試しに興味のある会社や転職エージェントに就職面談に行ってみましょう。転職市場は即戦力重視の世界です。未経験職種に応募すれば、厳しい評価や、辛辣な質問も投げかけられます。それが、あなたの真の市場価値です。揉まれて自分を振り返ることで、自分にしかない強みにも気づくはず。あえて就職し武者修行してみるのも、いいものですよ。

📖魅力や特長、アイデアを出すいい方法は?→『好きを仕事に！』Q5

2章

Q8

プチ起業の成功ポイントは？

A

「とことん好き」×「スキル」が最強

✿ 成功のためには「尖ること」が大切

たとえ小さな起業であっても、ビジネスをするために大切なのは「人に覚えてもらうこと」。覚えてもらうためには、際だった特長を持たせることが大事です。お店を構える商売であれば、立地によってこのハードルを越えることは可能ですが、お店を持たない場合には、「特長によって尖らせる」ことが何よりも重要となります❗。

他との違いをどこで生み出すかは皆さん悩むところですが、とことん好きなものがある人ほど、この特長を作りやすくなります。

✿ 「スキル」と「とことん好き」の組合せは最強

手芸が趣味で、羊毛フエルトでのマスコットづくりにハマったAさん。羊毛フエルトで皆に受けそうな犬やうさぎなどを作ってネットで出品販売してみましたが、なかなか売れませんでした。そんな彼女のもう一つの好きは「パンダ」。小さい頃からのグッズや写真のコレクションは相当なものだったので、「羊毛フエルト×パンダ」で再チャレンジすることに。単なるかわいさだけではなく、彼女のこだわりやパンダ愛から生まれるリアリティと、とぼけたポーズが多くの方の目にとまり、予想以上に売れる結果となりました。とことん好きなことがあるなら、自分のスキルと組み合わせられないか考えてみましょう。この組合せは、プチ起業を成功させる王道パターンです。

❗ 2章―Q2

2章

Q9

好きがマニアック過ぎるけど、大丈夫？

A

大丈夫。
世界に視野を広げてみよう

✿「好き」を世界中に発信して

インターネットの普及によって、一風変わったビジネスが成り立ちやすくなりました。今の時代は、こちらから個別のお客様にアプローチをしなくても、お客様のほうからキーワード検索をして探してくれます。日本にいながら、自分の「好き」を発信し続けることで、世界中にいるお客様を呼び込む可能性が広がります。

マニアックな商品であればあるほど、ファンがたまたまウェブサイトを訪れたときに、その心を捉えられるかどうかがカギを握ります。日ごろから、豊富な品揃えを心掛け、商品へのあふれる愛と情報をアウトプットしていきましょう。

✿検索で一番になれる工夫を

お客様に見つけてもらうには、Googleなどのキーワード検索で上位に表示されることも重要です。「靴下」のように、1つのキーワードで上位になるのは難しくても、【靴下 いちご柄】のように、重ねたキーワードで上位になるのは、それほど難しくないでしょう。

英語版のウェブサイトを作って、海外に向けた情報発信にもチャレンジしていくと、海外のお客様にも見つけてもらいやすくなります。

📖 インターネットでの集客・販売って難しい？→『好きを仕事に！』Q20

2章

Q10

モヤモヤして先に進めない…

A

「起業したい」と周りに発信してみよう

✿自分の思いを周囲に伝える

「起業したいけど、何ができるかわからない」「やってみたいことがあるけど、ニーズがあるのか不安」。このような方にありがちなのは、起業の夢を自分の中だけで温めていて、誰にも思いを伝えていないことです。

まずは、とにかく、伝えましょう。相談相手はどんな人でもいい。漠然としたままでもいいので、まずは思いを言葉にしてみましょう。

最初はおそらく、あなたは大変に凹みます。自分のイメージがうまく伝わらない。加えて容赦ないダメ出しを受けるかもしれません。でも、今はそれでいいのです。つまりは「今のアイデアには伸びしろがある」ということ。ダメ出しをされたなら、言いづらいことを言ってくれたことに感謝して、相手には理由をよく尋ねてみましょう。

✿伝え続けていればモヤモヤも整理される

相談を続けていると、自分の中でモヤモヤしていたイメージが、霧が晴れるようにスッキリ見えてくることに気づきます。どうして起業したいのかという根源的な欲求や、好きを仕事にするために必要なことにも気づくでしょう。「いいね！」と言ってくれる人も出てくるはずです。会いたい人とも繋がっていきます。でも、それは発信することが大前提です。さあ、今日から始めてみてください。

2章

Q11

手っ取り早く起業したい！

A

「好き」×「フランチャイズ」という選択もアリ

✿フランチャイズ加盟もアリ

できるだけ早く利益が出せるような起業をしたい。けれど、自分のスキルや経験からそれができる目処が立たない…。そのような方には、フランチャイズ加盟での起業という選択肢にもぜひ目を向けてもらいたいところです。

フランチャイズは本部が長年培ったビジネスの成功パターンを、「ブランド」「マニュアル」「経営指導」をセットで加盟者に提供し、加盟者はその対価を「加盟金」と「ロイヤルティ」で支払うという仕組みです。フランチャイズ加盟は、自分で行う試行錯誤の時間をお金で買うもの、という見方もできます。フランチャイズといえばコンビニやファストフードの印象が強いかもしれませんが、ネイルサロンやまつげエクステ、リサイクルや幼児教育など、その業種は大きく広がっています。

✿フランチャイズ企業は見極めが大切

フランチャイズ本部は二千を超えて存在していますが、玉石混交であるのも事実。加盟したものの薄いマニュアルを渡されただけで、後はほったらかしという話もよくあります。フランチャイズ加盟での起業に興味を持ったら、展示会などで自分の目で本部との相性を確かめること、実際の加盟者に話を聞いてみることが大切です。フランチャイズ加盟はよく結婚にも例えられます。しっかり相手を見極めて決めましょう。

「自分で仕事を始めてみたいけれど、何から手をつけていいかわからない…」

そんなモヤモヤにお答えしていきました。

自分の思考と心を整理して、良き第一歩を踏み出してみてくださいね！

第3章

知っておきたい！起業のキホン

3章

Q1

〈起業の心得〉

起業を考えたら、まず何からしたらいい？

A

先輩の起業ストーリーを本で読んでみる

✿起業ストーリーの詰まったビジネス本がオススメ

起業の心得を持つことは、今後の行動や判断の基盤となります。起業のノウハウはネットにも情報があふれていますが、起業のリアルを手軽に学ぶには、読書がオススメ。どこにいてもできますし、お金もそれほどかかりません。

数あるビジネス本の中でも、先輩起業家の起業ストーリーが載った本がいいでしょう。カフェやハンドメイドショップなど、具体的に起業したい分野が決まっているのなら、具体的な事例が多い本がいいですね。その業界ならではのルールや設備投資にかかる費用、労働時間、落とし穴などがイメージできます。

✿起業のヒントと勇気をもらおう

今はちょっとしたお小遣い稼ぎが目的でも、だんだん軌道に乗ってきたら、いずれはビジネスを大きくしたいと思っている人もいるでしょう。ぜひ、様々な起業家の本を手に取って読み比べてみてください。その中で、自分が目指したい方向性や、心地良いと感じるビジネスサイズが見つかるでしょう。

経験がない、資金がない、ノウハウがない、子育てや介護を抱えているなど、様々な困難を乗り越えた先輩たちのストーリーは、たくさんのヒントと勇気を与えてくれるはずです。

3章

Q2

〈起業の心得〉

あの人のように成功するには
どうしたらいい？

A

成功の裏にある
「苦労話」にも注目！

✿参考にしても、傾倒はしないで

「あの人のように成功したい」そういう思いを持つことは、将来の自分の姿を描く助けにもなり、起業をするときにもプラスに働きます。しかし、その思いが度を過ぎてしまうと、その人とまったく同じ手順を踏んで起業しようとしたり、商品・サービスや価格設定まで同じにしようとしてしまいがちです。

うまくいった人を真似して何が悪いの？　と思われるかもしれませんが、真似ができるのは表面的に公表されているごく一部の要素だけ。そもそも、持っているスキルや人間関係、価値観が異なる以上、完全に真似をするなんて、とてもムリです。

これまで多くの方の起業を見てきましたが、真似しただけの要素をベースにして成功した方には、正直ひとりも出会っていません。

✿成功話より苦労話にこそ価値がある

成功者から話を聞くときにぜひ心に留めてほしいのは、どのようなことに苦労をし、それをどのように乗り切ったのか、という点です。起業にあたっての苦労は「集客」「資金繰り」「セルフマネジメント」が代表的ですが、成功者の多くがそれぞれに独自の工夫や対処法を持っています。華やかな成功話もよいのですが、隠れた苦労話と、それを乗り越えた方法に耳を傾け、自分の起業に活かすことをオススメします。

3章

Q3

〈副業で起業準備〉

会社勤めのうちにやっておいたほうがいいこと、ある？

A

社内で収益アップに挑戦してみよう

✿会社は最高の「起業の先輩」です

起業をすると決めたら、今いる会社は「自分の起業の先輩だ」と決め込みましょう。会社は、継続的に顧客を獲得し、利益を上げ、毎月従業員に給料を払う、すごい先輩です。あらゆる要素をモデルケースと捉えて、今いる会社を研究対象にしましょう。

✿社内でどんどん挑戦しよう

会社を辞めて起業した人の誰もが愕然とするのは、起業した事業がすぐには収益につながらないということです。試行錯誤の期間中は、報酬ゼロ。研修を受けようものなら、自腹で大枚をはたかなくてはなりません。

ですから、会社に勤めているうちに、起業に必要と思うことは、何でも挑戦してみましょう。苦手なことに挑戦して四苦八苦していても、会社は変わらず給料を払ってくれる大変ありがたい存在です。会社を辞めたら二度とこんなチャンスはありません。営業、プレゼン、マネジメント。特に会社の利益や数字に直結する業務は挑戦しておいて損はありません。

ビジネスコンテストを実施するような会社に勤めているのなら、積極的に応募してみましょう。新規事業開発まで経験できれば、あなたの起業家としての腕は、確実に上がるに違いありません。

📖「ローリープラン」で3年かけて緩やかに起業する→『好きを仕事に！』18　1年目

3章

Q4

〈副業で起業準備〉

会社の外で経験を積む方法を教えて

A

大人バイトでスタッフ経験を積む

✿「大人バイト」で必要な経験を積む

「起業をしてみたいけれど、経験がなくて自信がない」という人にオススメなのが、空き時間を活かして必要な経験を積む「大人バイト」です。

大人バイトを志すなら、まずは勤務先の副業規程の確認をしましょう。副業が禁止されていなければ、会社勤めを続けながら勤務時間外にアルバイトができます。

ただし、副業に夢中になり、遅刻や欠勤が増えたり、競合他社に勤めたり、会社のノウハウを漏えいさせたりすることは論外です。本業はしっかり頑張ってください。

✿リアルな開業イメージを手に入れる

いつかカフェを開きたいと思うなら、会社勤めを続けながら、休日にカフェでアルバイトをしてみましょう。カフェにお客さんとして行っただけではわからない、接客や裏方作業の大変さを実感できます。また、カフェの客単価や利益率などがわかれば、よりリアルに事業プランを描きやすくなります。会社を辞めずにバイトをすれば、開業資金を貯められるのも良いところです。

本業にしたいスキルはあるけれど、事務や経理、営業など周辺業務の進め方がわからないという人もいるでしょう。もし、書類整理や雑用のお手伝いをさせてくれそうな事務所が身近にあったら、やらせてもらうと勉強になります。

📖「ローリープラン」で3年かけて緩やかに起業する→『好きを仕事に！』18　2年目

3章

Q5

〈副業で起業準備〉

副業以外に起業準備の方法はある？

A

リアルな交流の場を求めて動いてみよう

✿こっそり副業はやめよう

世の中全体としては、副業解禁の流れにありますが、企業の意識調査によれば、兼業・副業を禁止している企業は7割強（＊）。いまだ、副業を禁止している会社のほうが多いのが実情です。

会社では原則的に、従業員の給料から住民税を天引きして、本人に代わって納付することになっています。住民税は前年の所得から算定されるため、もしも会社に秘密にしている所得があれば、前年の給与所得額と食い違いが出て、会社に副業がばれてしまう可能性があります。

✿起業準備は副業に限らない

会社が副業にノーというなら、副業以外のやり方を模索するのが賢明です。

会社の社長が、ゴルフや釣りにクルージング、研究会と称する飲み会など、交遊を大切にするのはなぜでしょう。実は、商談は会議室だけではなく、プライベートを通した信頼関係からも生まれるものだからです。

副業は禁じられていても、勉強会や交流会、ボランティア活動への参加などの余暇活動は自由です。多くの人と出会い、知識を吸収する場を求めて動きましょう。

（＊）リクルートキャリア「兼業・副業に対する企業の意識調査（2018）」より

📖「ローリープラン」で3年かけて緩やかに起業する→『好きを仕事に！』18　2年目

3章

Q6

〈副業で起業準備〉

扶養のままで起業ってできるの？

A

将来的には扶養を
離れるつもりで

✿配偶者特別控除の枠が拡大された

夫に扶養されたまま起業することは可能です。ただし、税金と社会保険ではその基準が異なるので、ポイントを押さえておきましょう。

妻の年間所得が38万円以下であれば、夫には配偶者控除が適用されます。妻が個人事業主の場合、売上から経費を差し引いた利益が、年間38万円以下なら対象です。また、妻の所得が38万円を超えても、年間所得が123万円以下であれば、夫には配偶者特別控除（最大38万円から段階的に減額）が適用されます。ただし、夫の年収が一千万円超ある場合は、配偶者控除も配偶者特別控除も、そもそも対象外です。

✿社会保険の扶養枠

妻にとっては、税金よりも社会保険の扶養を外れるほうが影響が大きくなります。妻が年収130万円以上になると、夫の社会保険から離れて、妻自身が国民年金（平成30年度の月額保険料は1万6340円）、国民健康保険（保険料は自治体による）に加入することになります。協会けんぽでは、妻が個人事業主の場合、売上から原材料費などを差し引いた金額が130万円未満かどうかで扶養かどうかを判断します。健康保険組合では独自の基準の場合もあるので、事前に問い合わせましょう。

社会保険の壁を超えるときは思いっきりジャンプして、大きく飛躍しましょう。

📖扶養のままで起業できる?→『好きを仕事に！』Q46

3章

Q7

〈副業で起業準備〉

会社を辞めたら、どのくらいお金がかかる？

A

手元の給与明細を参考に

✿起業に必要な経費とは？

起業するために必要な経費は、どのようなものがあるでしょうか。
事務所の保証金や事務機器・備品、資格の登録費用など、最初にかかる開業資金以外にも、毎月の家賃や水道光熱費、パンフレット・チラシなどの広告宣伝費、出張や営業に出かけたときの旅費交通費、電話やインターネットにかかる通信費…と、実に様々なコストがかかります。

しかし、何より負担になるのは人件費です。自身やスタッフの毎月の給与の他にも、ボーナスや退職金準備、福利厚生費、社会保険料などが発生する場合もあります。

✿自分のお財布から払うと思えば痛みがわかる

給与明細をよく見てみましょう。給与から税金と社会保険料が差し引かれています。社会保険料とは、健康保険や厚生年金などの費用をいいます。しかし、個人の給与から天引きされる社会保険料と、ほぼ同額かそれ以上の金額を会社も負担しているということを知らない人は少なくありません。会社が負担している経費が、自分のお財布から出て行くと想像すると、会社を維持していくことのすごさがわかりますね。

会社に勤めている間に、事業にはどんな経費がかかるかをイメージしておきましょう。

📖
起業にかかるお金の考え方は？→『好きを仕事に！』Q23
資本金1円で会社が設立できるって本当？→『好きを仕事に！』Q25

3章

Q8

〈副業で起業準備〉

知人からの講演依頼、やってもいい？

A

プロとして講演依頼を受けてみる

✿依頼があったら挑戦してみよう

「日本全国のカレーを食べ歩いてブログに書いていたら、講演を頼まれた」

好きなことを追求して情報発信をしていると、その道の専門家と認められて、講演や執筆など仕事の依頼が舞い込むことがあります。

もしもそんな依頼が来たら、思い切ってチャレンジしてみましょう。

講演や執筆に対する報酬は、原則として源泉徴収（税金を天引き）してから支払われます。ちなみに、副業収入を得た場合、年間の所得が20万円を超えなければ、確定申告をしなくてもよいとされています。ここでいう所得とは、収入から交通費やその他経費を差し引いた金額をいいます。

✿自主セミナーは依頼がなくても開催できる

セミナーや講演会は、自分で主催することもできます。人前で話す経験を積むのが目的なら、地域の公民館や市民センターのような公的スペースを借りるといいでしょう。住民が無償や実費程度の会費で行う勉強会なら、会場を安価で借りられるところが多くあります。

実績を積んで聞きたい人が増えてきたら、営利活動もできる民間のセミナースペースへ会場を移して、受講料を集めると、プロの仕事に徐々に近づきます。

3章 Q9

〈起業のお金〉

開業資金がない。
どうしたらいい？

A

必要資金の3分の1は
貯金しよう

✿まずは必要資金の3分の1を貯金

やりたい事業は見えてきたけれど、目下の貯金は全然足りないという方へ。どんな事業かにもよりますが、事業に必要になる資金の3分の1は計画的に貯金できるよう頑張りましょう。

足りない分を銀行から借り入れるとしても、自己資金がいくらあるか、そしてどのように貯めてきたのかを銀行はしっかり確認します。自己資金が100万円あったとしても、親からポンともらったお金では、「本当に大丈夫かな？ 見せ金じゃないかな？」と心配になります。その100万円が何年にもわたってコツコツと貯められており、「この事業のために貯めてきました」となれば、事業者の堅実さや行動力、そしてその事業にかける本気度が評価されます。

本当にやりたいことであれば、何かを節約して貯めることもできるはず。自分の本気度を試すためにも、資金を貯めることに、ぜひトライしてみてください。

✿他の調達方法を考える

自分のやりたい事業が社会的に評価されるものであれば、クラウドファンディングに挑戦するという方法も可能です。また自信のある事業プランであれば、ビジネスコンテストに挑戦したり、出資者を募集したりという方法もあります。

借金は控えて、自己資金だけで賄った方がいい？→『好きを仕事に！』Q26

3章

Q10

〈起業のお金〉

お金の儲け方、収入計画作りが苦手…

A

「稼ぐ」ことへの意識改革を

✿収入目標を明確に

「あなたは、いくら稼ぎたいですか？」と質問すると、「うっ…」と絶句する人が大勢います。そして、目を宙に泳がせた後、「月100万円」などと答えます。「そんなに稼がなくていい、お金は問題じゃない」と答える人もいます。

一方、支出に対しては、1円たりとも見逃さない厳しさを発揮します。給料など決まった収入でやりくりしてきた経験からなのでしょう。しかし、起業後には定額収入が約束されているわけではありませんから、売上を上げないことには始まりません。

売上目標額の見当がつかないときは、固定支出の概算から逆算する方法もあります。まずは固定支出を超えることを第一目標にしてみてはいかがでしょうか。

✿意識の改革も必要

お金を稼ぐこと、お金について話すことは悪いこと、という思い込みはありませんか❗。お金は仕事に対する報酬です。不当に騙して奪い取るものではありません。事業を維持するにはお金が必要ですし、さらに新しいことに挑戦するときには、もっとお金が必要になります。あなたの事業を自分の子どもと思ってください。子育てにお金がかかるように、事業を育てるにもお金がかかります。誇りを持って、存分に稼ぎましょう。

❗ 4章―Q4

📖 最低限必要な売上の計算方法は？→『好きを仕事に！』Q13
売上予測ってどうすればいいの？→『好きを仕事に！』Q14

3章

Q11

〈起業のお金〉

レシートや領収書、どう処理すればいい？

A

起業準備中のレシートも大切に保管を

✿起業相談の領収書も経費になる

開業準備にかかった費用は、開業費として帳簿に経費として計上できます。開業費にあたるものは、起業にまつわる書籍代、ホームページ制作費、起業セミナーや起業相談の費用、新規開店のチラシや案内状の作成費などです。これらの費用を払ったときには、領収書をもらってきちんと保管しておきましょう。

なお、開業前にかかった費用でも、事務所の礼金・敷金、1つ10万円以上するもの、商品の仕入れ代金などは開業費ではなく、別の項目で経理処理をします。

✿会計ソフトを利用する

開業した後は、年に1回の税金の申告に向けて、売上の内訳や事業にかかった経費を帳簿につけていきます。

仕入代金はもちろん、交通費や文房具などの備品にいたるまで、何を、いつ、どこに、いくら支払ったかが示せる領収書やレシートを保管しておきましょう。年間1万円程度で利用できる会計ソフト使えば、特別な会計の知識がなくても簡単に記帳でき、複式簿記の書類が作れます。この書類と領収書類があれば、65万円の青色申告特別控除が使えるため、税負担が軽くなります。開業届とともに、「所得税の青色申告承認申請書」を提出しておきましょう。

📖
起業にかかったお金も経費になる？→『好きを仕事に！』Q27
起業すると何でも経費で落としていいの？→『好きを仕事に！』Q30

3章

Q12

〈マーケティングのポイント〉

会社名や屋号、名づけのコツは？

A

お洒落さよりも覚えやすさを重視して

✿ネーミングのコツは、何よりも「覚えやすさ」

お店や事務所の名前を考えるとき、おしゃれさを追求するあまり、聞きなれないフランス語などから引用したり、オリジナルのカタカナ造語を考えたりすることがあります。うまくハマるといいのですが、複雑で、綴りが難し過ぎるネーミングは、お客様が覚えにくくなります。昨今、学校の先生が、子どもたちのキラキラネームを覚えるのに苦心していますが、ビジネスの場でもキラキラネームは、お客様泣かせです。

また、同業種で似たような会社名がないかも、必ずチェックしておきましょう。混同されて不要なトラブルは招きたくないですし、その会社の商標権を侵害してしまう危険もあります。

✿検索のしやすさにも配慮を

何をするにもインターネットで検索をする時代ですから、初めて見た人の読み書きのしやすさや、検索のしやすさも重要になります。アルファベットであれば大文字と小文字の組み合わせ、日本語でも難読漢字の使用には注意を払いましょう。

メールアドレスやウェブサイトのアドレスも、検索のしやすさに配慮しましょう。たとえ記憶が曖昧でも検索しやすいアドレスにしておくと、ふと思い出したときに連絡をしてもらいやすくなります。

3章

Q13

〈マーケティングのポイント〉

プロフィール写真って、重要?

A

重要です。
誰に、どんなふうに
見られたいかを意識して

✿会いたいと思われる写真を撮る

特にカウンセラーや講師業のような人を相手にする仕事では、プロフィール写真が重要になります。ホームページや名刺に写真を載せるときには、ぜひプロに依頼して、「会いたい」と思われる写真を撮ってもらいましょう。カメラマンにも個性があります。サンプルの写真を見比べ、気に入ったスタジオを選んでください。プロのカメラマンとメイクをあわせて頼んでも、数万円を用意すれば撮影してもらえます。

最近は、デジカメで撮影した数百枚の写真データを、すべてもらえることも多いので、一度撮影しておくと、用途ごとにベストショットを使い分けることもできます。

✿一番見てほしい人をイメージして

あなたのプロフィール写真を一番見てほしい相手は誰ですか。それは、あなたに仕事を依頼するお客様だと思います。それは、男性でしょうか、女性でしょうか、若い人でしょうか、年配の方でしょうか。

プロフィール写真を撮影するときには、服装、髪型、メイク、ポーズなど、細部まで気をつけましょう。明るく見られたい、信頼感を与えたい、かわいく見られたい、親しみを感じてほしいなど、自分の業種と顧客層を意識して、理想のイメージを思い描き、カメラマンやメイクさんに伝えておきましょう。

3章

Q14

〈マーケティングのポイント〉

ホームページは業者に頼むべき?

A

まずは無料HPを自分で作ってみよう

✿まずは自分で作ってみよう

「ホームページ（以下、「HP」）はケチらずに専門業者に作ってもらいましょう！」

数年前までは、このようにお伝えしていました。昔は手作りHPだと、素人感が漂うデザインが多く、事業者としての信頼にマイナスの影響を与えかねないものだったのですが、最近では、「Jimdo（ジンドゥー）」や「Wix（ウィックス）」といった、無料もしくは安価で洗練されたサイトを構築できる仕組みが広がっています。そのため近年は「まずは無料のサービスでHPを自分で作り、有料サービスに切替えて様子を見る。そのうえで、より洗練されたものにしたければ業者に依頼する」という方法をオススメするようになりました。

HPを自作するメリットは、自分でいつでも内容を変更できる点です。開業当初は商品・サービスはもちろん、打ち出したいポイントも運営の中で変わっていくことがよくあります。業者に依頼すれば、変更のたびに費用がかかることも多いですから、最初は自分で変更しやすいほうが便利なのです。

✿パソコンが得意ならワードプレスがオススメ

パソコン操作に苦手意識がない方なら、サーバーを借りて無料のシステム「WordPress（ワードプレス）」を運用することもオススメです。有料テンプレートを購入すれば、プロ顔負けのデザインのサイトを、かんたんに運営できます。

3章

Q15

〈マーケティングのポイント〉

チラシってどう作ればいい?

A 無料のテンプレートが便利!

✿お金をかけずに、まずは自分で作ってみよう

起業するとき、ホームページや名刺、ブログとともに作ったほうがいいと思われるものに「チラシ」があります。チラシを作って知人のお店に置いてもらうなどすれば、思わぬところからオーダーが入るかもしれません。

「チラシの作成はプロにお願いしないといけないのですか？」と聞かれることもありますが、Word（ワード）で作ることもできますし、最初はお金をかけず、自分で作ってみることをオススメします。パソコンが苦手なら手書きで作り、カラー印刷したものを利用してみても、人の目を引いていいかもしれませんね。

✿多種多様なテンプレート、使わない手はない！

今やインターネット上で無料の様々なテンプレートがダウンロードできます。【自分の職種＋無料テンプレート】というキーワードで検索すると、無料登録だけで各種テンプレートがダウンロードできます。また印刷も自宅のプリンターで行うよりも、「プリントパック」などのサービスを使えば、想像以上にコストを抑えることもできます。販売促進の一環として、まずは費用を抑えて、一度チラシを作ってみましょう。作ってみてから、徐々に改良を加えてバージョンアップしていけばいいのではないでしょうか。

3章

Q16

〈マーケティングのポイント〉

同業他社を参考にしてもいい？

A

どんどん参考にして、ブラッシュアップを！

✿ＴＴＰは商売の基本！

「ＴＴＰ」ってご存知ですか。良いところを「徹底的にパクる」ことです。元トリンプ日本法人社長の吉越浩一郎氏の言葉です。ちなみに、踊りや演劇の世界では、先輩の良いところを見て覚えることを「盗む」といいますが、それと一緒です。同業種に限らず、他社の運営、商品、制度、良いところをどんどん取り入れていきましょう。

様々な起業相談を伺っていると、相談者の多くが、競業他社の商品やサービスの研究が十分ではないように感じます。他店研究をしていないシェフと比べて、世界の飲食店で味比べをしたシェフのお店のほうが魅力を感じませんか。自分自身でお金を出して、他社のサービスを受ける、商品を買う、接客態度を参考にするという、当たり前のリサーチを忘れないでください。ところで、今では「ＳＴＴＰ」という言葉もあります。「すぐ徹底的にパクる」。あなたも、すぐに始めてください。

✿でも、そのままパクっては、いけません

とはいっても、大きな蟹のオブジェが動く看板のカニ料理店に感動し、自分の店でも、まったく同じカニのオブジェを看板に据えたら…、それでは、盗用ですよね。顧客に誤認させる行為は重大な犯罪です。あくまでも、同業他社の良い点は参考として学び、これを消化し、自分の個性と特色を打ち出してアレンジしていってください。

📖 資格での起業は成功している同業のまねで大丈夫？→『好きを仕事に！』Q４

3章

Q17

〈マーケティングのポイント〉

Facebook・Instagram・Twitter…
どれを活用すべき？

A

複数のサービスを
使いこなそう

✿複数登録し、連動させてみよう

ブログやSNSは無料で使える販促ツールなので、起業をするなら活用することをオススメします。あなたを直接知らなくても、投稿されたライフスタイルや、センスのいい画像・小物の写真を見て、あなたのサービスを受けたい、商品を購入してみたいと思わせることができるからです。基本は複数のSNSにエントリーして、それぞれの良さを活かしながら自分の販売促進に役立てましょう。画像を多用するならInstagram、商品やあなたが話す言葉をそのまま使いたいなら、YouTubeなどの動画サービスを選ぶといいでしょう。

✿動画やブログも苦手意識を克服してチャレンジを

最近、多い質問は「周囲が動画で集客に成功しているから私もやったほうがいいですか？」というものです。人前で話すのは苦手、動画撮影だと緊張してうまく喋れないというのなら、無理やり販売促進のために動画に着手しなくてもいいと考えていますが、苦手でないならやってみるに越したことはありません。また、文字を書くことが得意であれば、毎日1記事を目安にブログを書いてみてください。

ブログランキングの上位に入ると、出版社から出版のお誘いが来ることもあるようです。ブログからも大きな夢が広がりますね。

📖インターネットでの集客・販売って難しい？→『好きを仕事に！』Q20

3章

Q18

〈マーケティングのポイント〉

客層は絞ったほうがいい?

A

顧客イメージを絞って個性化を

✿絞ることは怖くない

事業プランを練り上げていく中でいくつかの関門がありますが、その中のひとつが「客層を絞り込む」という作業です。決心するのに時間がかかる人が大半です。

その理由は多くの場合、「客層を絞ったら、お客様が集まらないのでは？」「他の客層を取り込むチャンスを失うのではないか？」という怖さによるものです。

40歳代の女性をターゲットとするよりも、老若男女をターゲットにしたほうが対象人数ははるかに多くなるのは当たり前。それなら大きいほうをターゲットにしたいという気持ちはよくわかります。しかし客層が広がれば、それだけ自分の商品やサービスの際立った特色が打ち出しづらくなりますし、存在を知ってもらうための販促・広告費が大きくなります。大きな資金力が期待できない小規模起業の場合には、資金を効果的に使うためにも、客層を絞り込むことが欠かせません。

✿絞るからこそお客様が増える

絞り込んだターゲットに「刺さる」特長を持つ商品やサービスを作ることで、最初のお客様がついてきます。そこで満足いただけると、ターゲット外にも紹介が生まれ、結果的にターゲット外のお客様も購入したくなるのです。絞ることを怖がらないこと、これがビジネスプランを作るうえで、とても大切です。

3章

Q19

〈マーケティングのポイント〉

価格のつけ方がわからない…

A

価格設定は起業プランの最終形です！

✿価格づけは商売の作戦そのもの

自分の提供する商品やサービスをいくらに設定するか。これも起業に際して頭を悩ませる課題のひとつです。簡単に決まらないのも当然です。なぜなら、価格は「誰に何をどのように提供するか」、そして「商品・サービスのブランドイメージをどのように位置づけるか」といった要素をすべて考慮して決めていくものだからです。これらのプランが明確でなければ、結果、価格をつけることは難しくなります。

そして価格づけのやっかいな点は、一度出した価格は、簡単には変えられないこと。値づけに自信がないなら期間限定価格にするなどで、調整期間を設けることもオススメです。

✿価格設定の4つの方法

価格設定の代表的な4つの方法を紹介します。参考にしてくださいね。

- コスト志向型価格設定…原価に欲しい利益を上乗せして決定する方法
- 需要志向型価格設定…生活者が感じている相場価格によって決定する方法
- 競争志向型価格設定…競合ブランドとの競争を意識して決定する方法
- 心理的価格設定…あえて高い価格にして価値を期待させる名声価格、松竹梅だと竹を選ぶという段階価格、自販機など当然になっている慣習価格、均一価格など

📖 商品やサービスの価格はどうやって決める？→『好きを仕事に！』Q12

3章

Q20

〈マーケティングのポイント〉

将来お店を開きたい。今からできる準備はある？

A

まずは、立地について勉強しよう

✿店舗を持ちたいなら立地を学ぶべし

いつか店舗を構えてお店がしたいなら、準備中の今こそ学んでおいてほしいのが立地選定についての知識です。「売上は立地で7割決まる」という言葉もあるくらいに、自分の商売をどこで始めるかは、売上を大きく左右する要素のひとつです。

立地を考える際には、そのエリアにどれほどのお客様候補がいるかを見る「商圏」と、駅や集客施設から自分の店まで近づきやすいかを見る「動線」、そして形や大きさ、視認性を見る「地点」の3つを吟味していく必要があります。

開店後にお客様の反応が悪い場合、商品やサービスを変えて工夫をすることは可能ですが、立地については簡単にやり直しがききません。この点からも、立地の見方については、専門書などで事前にしっかり学んでおくことをオススメします。

✿やりたい事業と立地評価のポイント

業態により、「商圏」「動線」「地点」の重視ポイントが異なります。自分がやりたい事業と重ね合わせて、既存店の立地を研究する目を持ちましょう。

- 3つのバランス重視（ベーカリー、学習塾など。繰り返し利用されるお店）
- 動線重視（コーヒーショップ、ラーメン店など。流動客が中心となるお店）
- 商圏重視（ハウスクリーニングや宅配ピザなど。お客様が来店しないお店）

3章

Q21

〈マーケティングのポイント〉

仕入業者と知り合うにはどうしたらいい？

A

ネット検索と展示会がオススメ

✿仕入先のリサーチ方法あれこれ

商品や材料の仕入れ先がどこにあるのか、起業初心者には見当がつかないものです。最も手軽な方法は、インターネットで仕入専門サイトを検索し、そこから情報を得るやり方です。最も手軽な分、どこにでも売られている商品中心となり、特徴ある品揃えには直結しづらいため、勉強を兼ねて覗いてみるという使い方が良いでしょう。

起業準備の段階でオススメなのが、展示会への参加です。日本貿易振興機構（ジェトロ）のサイトでは、世界の見本市を一覧で検索することができます。地域や業種で絞り込むこともできますので、近くで開催していれば足を運んでみましょう。

本格的に調べたいという場合に、意外と役に立つのがタウンページです。ネット上に公開されているｉタウンページであれば、地域と商品カテゴリで簡単に検索することが可能です。

小売業にとって品揃えは命。自分ならではの仕入先を開拓したいところです。

✿海外輸入を検討するなら

海外から商品を輸入して販売したい、という方にとって心強いのはミプロ（一般財団法人 対日貿易投資交流促進協会）です。輸入の手続きはもちろん、輸入に関する起業にも無料で相談ができます。電話相談も可能なので、遠方でも安心ですね。

3章

Q22

〈マーケティングのポイント〉

ビジネスコンテストに通るコツは？

A

熱さと冷静さの両輪をアピールする

✿実現可能性が勝敗を分ける

ビジネスコンテストで優勝すれば、高額賞金やベンチャーキャピタル（＊）の支援がつくものもあり、魅力を感じる人も多いでしょう。Ａ４用紙１枚で審査されるものなど多種多様なものが開催されています。過去に審査に関わった経験から、どのコンテストでも共通で重要視され、かつ差がつきやすい評価項目が「実現可能性」です。

たとえドローンを使った画期的なビジネスを思いついたとしても、ドローンに触ったこともない応募者であれば、実現可能性は低いといわざるを得ません。では、実現可能性を高めるものは何かといえば、過去の経験やスキル、冷静な市場分析と競合分析が事業案に活かされているか、という点です。

ビジネスコンテストでは熱い思いや信念と併せて、実現のための有利となる経験や、冷静な分析力を持っていることをアピールできると、勝算がぐっと上がってきます。

✿ビジネスコンテストを活用しよう

ビジネスコンテストに向けてプランを整理する時間を持つことは、事業を成功させるためにもとても効果的です。整理する中で、あいまいにしたままだったものや、見落としていたものを発見することができます。またコンテストを通じて他の起業家と知り合い、刺激を受けることも期待できます。臆せずに、ぜひ挑戦してみましょう！

（＊）高い成長率のある未上場企業に投資を行う会社（投資ファンド）のこと

3章

Q23

〈起業の手続〉

起業するために必要な手続はある？

A

税務署に開業届を出そう

✿開業届とは？

個人で事業を始めるときは、事業を開始してから1か月以内に、お住いの地域を管轄する税務署に「個人事業の開業届出」をします。開業の届出をしなくても特に罰則はありませんが、届出をしないと、節税効果のある「青色申告」での確定申告ができません。また、屋号名義の銀行口座を作るには、税務署に提出した開業届の控えが必要になります。

✿開業届と「扶養」は、原則関係ない

なぜか、開業届を出すことに躊躇する女性が多いのですが、あくまでも開業届は、税務署に対して、今後「事業所得」の申告もしますよ、という単なる届出です。事業所得は売上から経費を差し引いた額ですから、即座に税務上の扶養家族から外れるわけではありません❗。

もっとも、健康保険組合の扶養家族になっている場合は、組合によって開業届により扶養から外れることもあるので、事前に確認しておけば安心です。

❗ 3章—Q6 📖 いつから「開業」といえばいい？→『好きを仕事に！』Q31
開業するのに許可はいる？→『好きを仕事に！』Q35
開業したら専用の銀行口座を作るべき？→『好きを仕事に！』Q37
青色申告と白色申告はどう違う？→『好きを仕事に！』Q38

3章

Q24

〈起業の手続〉

計画段階で困ったとき、誰に相談したらいい？

A

専門家に相談してみよう

✿事業計画で盛り込むポイントは？

実際に始める前に、やろうとしている事業のプランを紙に描いて、人の意見を聞くということは、事業のリスクを減らすためにとても効果的です。

事業プランに最低限必要な要素は、「誰に…ターゲットとするお客様層」「何を…提供する商品やサービス」「どのように…提供形態や体制、付随サービス」の3点と、「売上と経費が入った利益の計画案」の計4点です。巷には事業計画書のフォーマットも沢山ありますが、まずは形にとらわれず、この4点を自分なりに考えてみましょう。

しかし、書き始めてみると、内容に自信が持てなかったり、そもそも提供価格を決められずに売上が試算できなかったりと、計画を作る時点で壁に当たってしまうこともよくあります。そんなときには迷わずに、専門家の手を借りましょう。

✿専門家に相談しよう

専門家といっても、民間の会社から個人コンサルタント、公共の相談窓口まで多岐にわたって存在しています。最初に門を叩くオススメは、公的機関での無料相談です。市区町村の産業振興課に確認すれば、連携している商工会議所や金融機関などの相談窓口につないでくれると思いますので、まずは気軽に相談してみましょう。

📖 事業計画はなぜ必要なの？→『好きを仕事に！』Q9
事業計画にはどんな内容を盛りこめばいい？→『好きを仕事に！』Q10

すでに起業・副業を心に決めたアナタ！
第3章では具体的なアクションをひも解いていきました。
私たちのアドバイスを参考に、さらに飛躍していってくださいね。

第4章
始める前のモヤモヤ解消

4章

Q1

起業して失敗することが怖い

A

失敗しても
失うものは意外と少ない

✿失敗は成功のもと

起業相談には、ご自身の頭の中で色々なプランを練りつくしている人もいらっしゃいます。ただ、お話しを伺っていると、残念ながら机上の空論でしかない場合も多々あります。このようなときは「失敗するのが怖い」「失敗したら人にバカにされそう」「金銭的損失が怖い」など、「一歩進んだら失敗するのでは」という恐怖感が強いからのようです。

そんな方にアドバイスしたいのは、「失敗する」ということをネガティブに考え過ぎないことです。「失敗は成功のもと」という言葉がありますが、人からどのような失敗談を聞いたとしても、自分で体験した失敗こそが自分の血となり肉となります。

✿失敗ではなく経験と考えよう

失敗を、他人からの評価ではなく、「自分の経験」と考えると少し気が軽くなるでしょう。また失敗したとしても多少の金銭的損失や、時間の無駄にはなるかもしれませんが、命までとられることはありません。実際に起業して自分でビジネスをするのであれば、自分で決断し行動する場面に毎日のように遭遇するでしょう。千里の道も一歩より。小さな一歩をまずは踏み出す勇気を持つことが大事ですよ！

上手くいかなかった場合の打開方法は?→『好きを仕事に！』Q51

4章

Q2

給料ナシでやっていけるのか心配

A

家計を整理して最低必要な生活費を計算しよう

✿現在の生活費をはっきりさせる

会社を辞めて安定収入が途絶えることに不安を感じるのは当然です。起業後は、収入が多いときもあれば、生活に苦労するほど少ないときもあるかもしれません。毎月の収入が安定しない生活で自分を見失わないためにも、「自分がいくら稼ぐ必要があるのか」を明確にしておきましょう。具体的な数値がわかれば対策が打てます。

✿入っただけ使うクセはやめよう

まず、なるべく早い時期に、自分自身が月いくらで生活するかをきちんと定めてください。家賃や水道光熱費、通信費など毎月決まって出ていくお金は、通帳やクレジットカードの利用明細などを見ればわかります。食費や雑費は、レシートを集めて集計してみましょう。続いて、家族に頼れる部分と自分が担う部分を分けます。

ビジネスが軌道に乗って、その金額を安定して稼げるようになるまでにどの程度期間が必要か、その間の不足額を貯金でしのぐのか、はたまた副業でしのぐのかなど、具体的に落とし込んでいきましょう。

収入が多かったときは、貯めておくクセづけを。貯金は、将来への夢の実現を支える要《かなめ》にもなりますし、納税で必要となったりもします。目先の収入で一喜一憂するような生活になってしまっては、せっかく起業をした意味がありませんよ。

起業にかかるお金の考え方は?→『好きを仕事に!』Q23

4章

Q3

1つのことを選択して、信じてやり続ける勇気がない

A

まずは1つのことを一定期間やってから考えて

✿結果を出すには、時間も必要

もしもあなたが、始めて数か月ほどの期間でうまくいかないと感じ、別のビジネスを始めようと考えるなら…、それは自分を見失っている証拠かもしれません。焦りだけが募り、手を広げれば広げるほど、目標を見失って苦しくなります。

「成功をする最大の秘訣は、成功するまでやめないことだ」。パナソニックの生みの親、松下幸之助氏の言葉です。桃栗三年柿八年。種をまいて実がなるまでには相応の時間がかかります。子どものときだって、すぐには自転車に乗れなかったはず。就職したとき、上司から3年は辛抱しろって言われませんでした？　慌てては損です。

✿あなたにとっての優先順位は何か、今一度見直して

1日に与えられた時間は、みな平等。起業にかけるお金も限界があるはずです。時間、お金、体力、限られた資源の中で、注力できることはおのずと絞られてきます。あれもこれも手を広げれば、それだけ薄味になるということ。一番優先したいことは何ですか。周囲からの評価や、目先の利益に惑わされてはいませんか。

なぜ、自分は起業をしようとしたのか。起業してどうしたいのか、どうありたいのか。起業している先輩は、常に自問自答し、人生の目的をブラッシュアップしています。投げ出さず続けていけば、おのずと新しい世界や発見が生まれてきます。

4章

Q4

自分からお金を下さいと言うのに、気が引ける

A

事業には、利益が必要です

✿利益を出すのは後ろめたい？

「お金をいただくこと自体、後ろめたくって…」。そういう方、実は少なくありません。理由は色々と挙がりますが、根っこには「利益を出す＝悪いこと」と捉えられている方も多いようです❗。

では、利益は何のために必要なのでしょうか？　理由は2つあります。1つ目は事業を継続するためです。利益なしや赤字をそのままにしていたら、どこかでそれを辞めざるを得なくなりますよね。それはお客様にとって大迷惑な話です。そして2つ目は、より良い商品やサービスを提供するための原資とするためです。利益は自分のためだけでなく、お客様の満足を高めるために必要なものと理解しましょう。

✿お客様の取り分と利益

人はいろいろな理由でモノやサービスを購入します。自分でやるより早いから、自分でやるより綺麗だから、などなど。たとえ原価が100円でも、その人が「これには3千円の価値がある」と思い、売値が2千円だったら「千円もお得に買い物ができた！」と満足していただけます。この差額が利益となります。事業を続け、改良していくための利益は確保しつつ、お客様の感じる「お得度」と「利益」のバランスをどのようにとっていくかは、事業者にとっての永遠の研究テーマとなります。

❗3章—Q10　📖おこづかい稼ぎ程度でも、ビジネスモデルは必要？→『好きを仕事に！』Q8

4章

Q5

起業したら、自分の本名を出さないとダメ？

A

ビジネスネームでも起業はできる

✿ビジネスネームを使うこともできる

芸能人の芸名や、作家のペンネームのように、ビジネスネームを使って起業することもできます。ビジネスネームは自分で自由に選べるので、一目で覚えやすい名前や、あこがれの格調高い苗字を名乗ることも自由自在です。

ビジネスネームにはこの他に、仕事とプライベートを分けやすいというメリットがあります。仕事のときにはビジネスネームで颯爽と、家族や友人と過ごすときには本名でゆったりと、名前を変えるとオンオフの切り替えもしやすくなります。

✿信頼度や手続き面などにデメリットも

一方で、ビジネスネームにはデメリットもあります。

仕事の種類にもよりますが、本名で顔出しをしている人に比べると、信用されにくいことがあります。また、実名が記載されるパスポートや運転免許証とビジネスネームが異なるので、法律上の手続きや、銀行の口座開設など、各種手続きが煩雑になります。

一度浸透したビジネスネームを、後から戻すのもなかなか手続きが面倒です。ビジネスネームでいくのか、実名でいくのかは、後々のことまでよく考えて決めたほうが良さそうです。

4章

Q6

起業して、自宅の住所を知られるのが心配

A

シェアオフィスを事務所にする方法も

✿シェアオフィスの住所を利用する方法もある

自宅で起業したい人でも、防犯上、名刺やホームページ（ＨＰ）に自宅住所を記載することにはためらいがある人がほとんどです。自宅は絶対人に知られたくないので、起業するときは、ちゃんとした事務所を借りなくては、と考えている人もいます。

ネット通販など特定の事業では、事務所の住所をサイト上に記載する義務がありす。住所の公開に抵抗がある場合は、シェアオフィスなどのサービスを利用する工夫もできます。毎月数万円の費用はかかりますが、事務所の賃料よりずっと安価です。

✿お客様からすると、住所情報はあったほうが安心

住所を記載する義務がない事業を考えているのであれば、ＨＰには自宅住所は明記せず、「〇〇駅から徒歩五分、お申し込みの方にお知らせします」というような一文にしてもよいでしょう。名刺にも同様の内容や「△△市〇〇町」という表記や、ＵＲＬとメールアドレスのみで、住所表記ナシでもよいかもしれません。

ただ、住所や電話番号などをきちんと記載している人のほうが、相手からの信頼を得やすいのは確かです。あなた自身が逆の立場だったとして、名前もビジネスネームで連絡先もメールアドレスだけ、という相手と、きちんとすべて記載されている相手なら、どちらを信頼するか、考えてみてくださいね。

コストを抑えて事務所を持つには？→『好きを仕事に！』Q29
女性の起業で防犯上気をつけたいことは？→『好きを仕事に！』Q39

4章

Q7

起業して、保育園に入れるかどうか不安

A

会社勤めの人より入所が厳しいのは現実

✿会社員よりも自営業のほうが保育園に入れにくいのは事実

子どもを持つ母親にとって、子どもが保育園に通えるかどうかは、かなり大きな関心事です。保育園に入れられずに、自分は子育てのために何もできない、となるとブランクもでき、不安も増大しそうです。

しかしながら、会社勤めの人よりも、個人事業主（自営業）のほうが保育園に入りにくいというのは、どこでも同じでしょう。さらに、首都圏や大都市近郊ともなると、自宅で開業する個人事業主（自営業）の母親では、なかなか保育園に入れないのが現状です。時間に自由がきき、保育の時間が確保できるとみなされるからです。

保育園に入れることを優先するなら、子どもが小さいうちは会社勤めを継続し、ある程度の年齢になってから独立する、という考えでも良いかもしれません。

✿焦らず起業の準備期間と捉えても

すべての人が使える技ではありませんが、引っ越しが可能なら保育園に入りやすい市区町村に移り住むというのも手です。他にも保育園にこだわらず、幼稚園＋延長保育、民間の預け入れ可能なサービスを利用する方法もあります。０～２歳は保育園の定員自体少ないのですが、３歳以降は受け皿も広がりますので、慌てずに、子どもが小さいうちはじっくり起業準備に当てる、と割り切ることも大事かもしれませんね。

📖 起業した場合の子どもの預け先は？→『好きを仕事に！』Q47

4章

Q8

起業を志す仲間がいない…

A

起業セミナーに参加してみよう

✿起業セミナーには出会いがいっぱい

起業を志す仲間と知り合いたいなら、起業セミナーに参加してみましょう。起業セミナーに行くと、経験豊富な講師とリアルに話ができます。起業のカタチは一人ひとり違いますから、講義を聞いてもしっくりこないこともあるかもしれません。そんなときには、講師に積極的に話しかけてみてください。

✿受講生同士の出会いを大切に

セミナー会場に着いたら、自分から周囲にいる人に話しかけて、名刺交換をしてみましょう。

事業の方向性が近い人とつながれば、具体的な情報交換ができますし、ひょっとしたら一緒にビジネスを起こす仲間になれるかもしれません。また、自分と分野が異なる起業家なら、広告デザインや経理事務、求人など、自分が苦手とする場面で困ったときに助けてもらえる可能性もあります。お互いに応援しあって、お客様を紹介しあえる間柄になれたら、それもいいですね。

自分が起業に踏み出すと、いろんな分野の専門家の友人がたくさんできて、人生が彩り豊かになります。名刺交換だけで終わらせず、SNSでもつながっておくと、後から人となりも見えて、その後の関係性を維持しやすくなります。

4章

Q9

ひとりでは心細いので、
友人と一緒に起業したい

A

実は難易度が高い
「お友だち起業」。
決断は慎重に

✿誰かがやってくれると思ったら大間違い

ひとりで起業するのは何かと心細いものですが、友人と一緒ならワイワイ楽しく進められそう。そんな思いから、友人同士で起業を始めたいという人もいるでしょう。

ところが、この「お友だち起業」には、いくつかの落とし穴があります。

ひとり起業では責任が明確なので頑張るしかありませんが、複数人でやる場合には、お互い甘えが出やすくなります。その結果、1年後ふたを開けてみたらお客様がひとりも来なかった、ということにもなりかねません。

✿お金の話と責任の所存はシビアに

また、事業を始めるうえでは、ある程度のお金が必要にもなります。友人と共同事業をするときにも、誰がいくらの出資をするか、誰が最終決定権を持つのかなど、お金と責任の所存を、始める前の段階で決めておきたいものです。

同じ志を持って始めたつもりでも、時間がたって事業がより具体的に進むほど、お互いの方向性の違いが明らかになるかもしれません。誰かの意見を通せば、別の誰かがやる気をなくすなど、複数人でやるからこその難しさもあります。

事業が行き詰った途端、友情も消えてなくなることがないようにしたいですね。

友人と一緒に起業するときの注意点は？→『好きを仕事に！』Q33

4章

Q10

家族に起業すると
言い出しにくい

A

家族は巻き込んだもの勝ち
ですよ

✿早めに伝えて「夢を共有」がオススメ

新しいことを始めるときって、家族に言い出しにくいこともありますよね。しかし、起業する以上、いつまでも内緒にしてはいられません。ある程度の構想が固まったら、自分の「夢」を家族に伝えて、巻き込んでいきましょう。

✿家族が反対する3つの理由

1つ目は、感情的な反対です。突然起業の話を聞かされて、驚いてしまった家族には、起業を志した理由、事業にかける思い、自分の思い描く事業プランなどを伝えていきましょう。時間はかかっても、家族が理解できれば反対は和らぎます。

2つ目は、事業プランへの反対です。自分ではしっかり考えたプランでも、あなたのプランに隙があれば、家族から手厳しい批判が浴びせられるのも仕方ありません。家族が厳しい指摘をするのは、あなたの性格や、日ごろの生活をよくわかっているからこそ。逃げずに、真摯に耳を傾けましょう。

3つ目は、今後の生活への不安からくる反対です。会社を辞めて起業するとなると生活費の不安があるでしょうし、事業を始めると生活時間も変わります。

大切な家族に応援してもらったほうが、ビジネスの成功も近づきます。早めに起業への思いを伝えて、自分の「夢」を家族の「夢」にして、共に歩んでいきたいですね。

📖主人が起業に反対。賛成してもらうには?→『好きを仕事に!』Q48

4章

Q11

起業後も、今勤めている会社の取引先と仕事がしたい

A

トラブルのないよう賢く事前準備を

✿勤務している会社の規約を確認しよう

今就いている仕事と同じような内容で起業を考えている人であれば、勤め先の取引先と仕事が続けることができれば、手堅く収入を得ることができる、と考える方も多いです。

その場合は、現在勤めている会社との雇用契約や就業規則に違反しないかどうか、勤務時に調べておいたほうがよいでしょう。会社によっては、同業種での起業を禁止、○年以内は同業種で起業や就職しないという規約がある場合もあります。

規約には問題がなく、起業後に取引先の仕事を請け負えたとしても、今勤務している会社の損失につながったり、迷惑がかかったりしないように、配慮することが必要です。業界内は意外と狭いもので、悪い噂が立てば、それ以外の会社と取引ができない、廃業に追い込まれるなどのリスクもあることを念頭に置いておいてください。

✿取引先は複数確保して事業の安定・拡大を目指そう

もちろん、現在の取引先と仕事をすることもいいのですが、一社に頼りっぱなしになると、これも問題です。起業当初はそれでもいいかもしれませんが、取引先が倒産したり業務内容を大幅に変更したりすれば、あなたの仕事もなくなってしまうかもしれません。常にアンテナを張って新しい取引先を開拓することは、事業を安定、拡大させるためには重要なことです。

Q12

起業するなら、会社を設立したほうがいい？

A

会社以外の選択肢も多様です

✿会社設立がすべてでもない！

会社の代表取締役社長。憧れますね。もっとも、個人でも人は雇えますし、たいていの事業は個人で始めることができます。事業を始めるときに、どうしても法人格が求められるのは、障害者福祉や介護保険の事業所くらいです。始めるのも廃業するのも身軽で、事業を行っている証明書といえば開業届しかない個人事業主よりは、設立手続きが必要な会社のほうが信用面で有利ともいえますが、現実的には、起業したばかりで売上ゼロという段階で、会社なら個人より安心という評価が得られるかは疑問です。

✿事業目的・内容・顧客などから法人の種類を選ぼう

もっとも、複数のメンバーで起業したり、行政や大企業と取引したりするのならば、話は変わってきます。個人より法人のほうが有利かもしれません。株式会社、合同会社、一般社団法人、特定非営利活動法人（ＮＰＯ法人）などから最適な法人を選択しましょう。なお、法人ごとに、設立費用や必要人数、設立までの期間は異なります。

資本金1円で会社が設立できるって本当？→『好きを仕事に！』Q25
個人での開業と法人での開業。どちらがいい？→『好きを仕事に！』Q32
友人と一緒に起業するときの注意点は？→『好きを仕事に！』Q33
会社を作るには、どのくらいの時間がかかる？→『好きを仕事に！』Q34

始める前に頭の中で1人シミュレーションをして、
不安になること、ありますよね？
私たちが起業相談でよく受ける不安についての
事例を第4章では挙げてみました。
参考になれば幸いです！

第5章
始めてからの お悩み解決

5章

Q1

今から人脈って
どうやったら作れる?

A

損得なしに助け合える関係が
本当の人脈

✿自分の役に立つ人が「人脈」ではない

仕事をするうえで、人とのつながりはとても重要です。だからといって、大勢の人との出会いを求めて名刺交換会のようなイベントに参加しても多くの場合、何の役にも立ちません。なぜなら、人脈は知り合った人の数とイコールではないからです。集めた名刺の数よりも、その中身のほうが重要です。

では、著名人や社長さんの名刺が重要かというと、そうではありません。こちらは魅力的に見える相手でも、相手にとってあなたという人が魅力的でなければ、次に会うことはできないからです。

✿共に成長しあえる仲間づくりを

仕事が違っても、年齢が違っても、時折、とても気が合う人と出会うことがあります。損得勘定抜きにして気が合う人と出会えたら、その出会いはとても大切。自分が頑張っている間に、相手も別のところで頑張っていて、5年ぶりに再会したらお互いに大きく成長していたということがあるからです。

人としての信頼関係が築けていたら、お互いを必要とするときに助け合えます。仕事でも人生でも助け合える本当の人脈は、時間をかけて築いた信頼関係の上に成り立つのです。

5章

Q2

自分がいつまで働けるか不安

A

健康なら一生働ける

✿健康診断は忘れずに

会社勤めと違って、起業をした人には定年がありません。自分が元気で働きたいと思っているかぎり、何歳でも働き続けることができます。

元気に働き続けるためには、日ごろの健康的な食生活、適度な運動、それに十分な休養が必要です。年に1回は健康診断に行き、自分自身の健康チェックをしましょう。

しかし、会社勤めを辞めたとたん、誰にも強制されないために、ずるずると健康診断を先送りしてしまう人がいます。仕事の〆切に追われて時間がないと、運動不足に陥る人もいますし、オーバーワークのまま無理を重ねてしまう人もいます。

自分の体が資本だからこそ、これまで以上に健康には気を配りましょう。

✿就業不能時の保障を手厚く

会社員の多くが加入する健康保険では、病気やけがで仕事ができないと、最長1年6か月まで給料の60%相当の傷病手当金が支給されます。しかし、フリーランスや個人事業主の人が多く加入する国民健康保険には、傷病手当金がありません。そのため、病気やけがでもしも働けなくなると、そのまま収入が途絶えます。

いよいよ会社を辞めて起業するときには、民間保険を利用して、病気やけがへの備えを手厚くしておいたほうがいいでしょう。

5章

Q3

サービスが新しすぎて、
売れません…

A

新しいものが認知されるには
時間もお金もかかる

✿今、世の中にないのは何か理由がある

筆者の個人的な話をします。起業したばかりのころ、何かオリジナルの尖ったサービスを立ち上げなければと思い、日々アイデアをひねり出していました。あるとき、そのアイデアを大ベテランの先生に話してみました。「そんなもの、儲からないから誰もやっていないのだ」と一刀両断されました。いまだ同じアイデアで起業している人はいません。世の中にないのは、もしかするとそういう理由なのかもしれません。

✿世に出るのは、時間がかかる

さらに、個人的な経験として、十年前に、今話題の事業と同じような内容で起業しようとしていた人たちがいたことを知っています。今その人たちはどうしているかといえば、ほとんど全員が解散、廃業しています。時代が早過ぎたのでしょうか。それもあったかもしれませんが、資金や実力も不足していたのでしょう。

このように、あなたと同じようなアイデアがある人は、すでに、たぶん、大勢います。世の中にないと思っているのはあなただけで、とっくにあるものかもしれません。

新しいことを準備し、確実にデビューさせるには時間がかかります。大企業だって、新商品をリリースするのに、多くの時間とお金を割いています。世の中にないものを世に出すには、時間も根気も、熱い思いも必要。覚悟を決めて取り組んでください。

5章
Q4

良いものなのに、
売れません…

A

ファンになってもらうための
ストーリー作りも大事

✿素材が良ければ売れる、というものではない

ハンドメイドやカフェやレストランで起業した方からよく伺うのが、「良いものなのに売れない」というご相談です。最高の素材を使っているのに、なぜかその良さが伝わらないと悩まれるようです。でも、ちょっと待ってください。お客様の優先事項は材料の良さだけでしょうか。思春期の頃、年長の人から「モノは良いのよ」と、気に入らないデザインの洋服をプレゼントされて困ったことはないですか。あなたがやっていることはそれに近いのかも…。あなたが思う「良いもの」が、世の中の人にとっても必要なものか、自己チェックしてみることが必要です。

✿「価値」が伝わる売り方を考えて

例えば、「世界でも入手が難しい、珍しいストーンを使った手作りのアクセサリーです」と、「このアクセサリーを身に着ければ永遠の愛が約束されるよう、恋人の街といわれる〇〇地方の希少なストーンを使い、一つひとつに願いを込めて手作りしています」。前者と後者なら、どちらが売れそうでしょうか。何かを買う時のトキメキって、素材の良さを超えたところにもあるかもしれません。製作することが好きな方は、作ることに満足して、お客様の喜ぶ売り方（プロモーション）まで気が回らないことがあるようです。ファン作りも作品の一環です。しっかり作戦を立ててくださいね。

5章

Q5

起業したのに
夫が仕事と認めてくれない

A

稼ぎがなければ
お金がかかる趣味と言われてしまうかも

✿認めてもらうのは時期尚早かも

起業でゼロからイチを生み出すまでは、様々な準備が必要ですから、忙しくしているのに成果が出しにくい、つらい時期でもあります。

収入がない時期に理解を示してサポートしてくれる家族ならいいのですが、残念ながらそうとばかりはいきません。専業主婦だった人であれば、自分は忙しく働いているのに、なぜ家族は家事を協力してくれないのだろうと思うかもしれませんが、端からみたらあなたの身分は以前のまま。残念ながら時期尚早かもしれません。

✿家族を巻き込む工夫をして

相手の立場に立って想像するのが得意な女性に比べると、男性は自分の目の前に見えるものや自分の常識で物事を考える傾向があるそうです。そうすると、会社勤めの旦那さんには、あなたが今までどおりに家事や育児をこなしながら、新たに起業準備をすることがどれほど大変かは、まったく想像できていない可能性があります。

なるべく旦那さんに相談を持ち掛けたり、仕事の関係者と会ってもらう機会を設けたりして、あなたの起業に巻き込んでいきましょう。頑張っているあなたを見たら、旦那さんも応援してくれるかもしれません。利益が出たときには、そこからプレゼントを買うなどして、成果を可視化していくと、徐々に理解が深まることでしょう。

📖主人が起業に反対。賛成してもらうには？→『好きを仕事に！』Q48

5章

Q6

仕事に追われて自分の時間がなくてつらい

A

思いきって自分の定休日を決めてしまおう

✿自分で定休日を決めてしまう

起業すると時間が自由に使える半面、土日祝日、お盆や年末年始まで休みがない！という事業主の方も多くいます。ハードに働いて心も体も疲れない、家族と過ごす時間も必要ない、という方なら別ですが、普通は皆さん休みをとって自分の疲れを癒し、そして家族と過ごす時間も大切にしたい、と思うものですよね。起業して少しして仕事の流れが見えてきたなら、自分の定休日を決めてしまうことをオススメしたいと思います。例えば、水曜と日曜は仕事のメールの返信はしない、スマホを見ないと決めてもいいかもしれません。会社に勤めていれば定休日やシフト制で週に決まって休みがとれますが、起業するとなるとそれを決めるのは自分自身なのです。

✿長期休暇もアリ。余暇こそが新しいアイディアが浮かぶ時間

マメに休むよりも、大型連休にして旅行をしたいというタイプの人もいるでしょう。そうした場合は2月と8月は月の半分を休むと自分で決めて、それに向けて旅行プランを練り、仕事の都合をつけるというやり方もいいでしょう。仕事が楽しいというのも大事ですが、余暇をどれだけ充実させるかというのも実は大きなポイント。いつもとは違うことをすればビジネスの新しいアイディアが浮かぶ、新しいチャンスも入ってくることもあります。休みは積極的にとるつもりで考えてみてくださいね。

5章

Q7

ホームページを作ったのに問い合わせがこない

A

SNSなどのリンクは必須。目立つ工夫を

✿そのホームページはどこと繋がっている?

ホームページ(HP)を作ったのに、まったく問い合わせがこない、なんていう話もよく聞きます。そのHPはどこと繋がっているでしょうか? あなたのブログやTwitter・Facebook・InstagramなどのSNSと繋がっていますか? あなたの名刺やチラシにHPのURLは記載されていますか? もしかしてどこにも繋がっていない、なんてことはありませんか?

見ず知らずの人にHPを見てもらうのは、実は考えているほど簡単なことではありません。

✿ホームページだけでなく、ブログやSNSで集客を

どこにも繋がっていないHPは、太平洋にポツンと浮かぶ一片の流木のようなものです。認知度を上げたいなら、ブログやSNSを活用するほうが集客には繋がりやすいのが現代。「Amebaブログ」などのブログサービスでは、ランキング、いいね、コメント、リブログなど、まったく知らない人と繋がりやすいように工夫が施されています。既知の方と交流するなら、Facebookを使わない手はありません。あなたが毎日記事を書いたり、タメになる内容を提供したりしていくことで、あなたに興味を持った見知らぬ方(=潜在顧客)が、HPにも訪れてくれるようになりますよ。

📖インターネットでの集客・販売って難しい?→『好きを仕事に!』Q20

5章

Q8

「いいね!」が増えても売上が増えない

A

お付き合いの「いいね!」に要注意

✿友人の「いいね！」は5割引きで聞こう

起業準備の段階では、多くの人に話を聞いてもらいたいものです。それによっていいヒントが得られることもありますし、ときには厳しいダメ出しにあって、プランを練り直すこともあるでしょう。

ただし、友人の多くがあまりにも「いいね！」と言ってくれるときには、注意が必要です。あなたをがっかりさせないため、本心ではなく優しさから「いいね！」と言っている可能性があります。

友人の「いいね！」を信じて始めたのに、いざ始めたら誰も買ってくれないということもあります。期待し過ぎず、5割引くらいで聞いておきましょう。

✿1回だけ買ってくれる友人も多い

起業したら、最初のオープニングだけ顔を出してくれる人、ワンコインのお試し商品だけ買ってくれる人もいます。大変ありがたいことですが、ここで止まっていてはビジネスになりません。

初回に試してくれた友人が、本当にいいと思って、使い続けたくなる商品、口コミで広めたくなるサービスを生み出せるかが事業の継続につながります。先を見越して頑張っていきましょう。

📖友人・知人には、無料・少額のサービスもＯＫ？→『好きを仕事に！』Q15

5章

Q9

クレーム対応はどうしたらいい？

A

お客様の声を商品・サービスの改善につなげよう

✿クレームは未然に防ぐ

お客様からダイレクトにクレームが入ってきた場合、かなり神経をすり減らしてしまうこともあるでしょう。未然にクレームを防ぐためには、自分できちんとスタイルが確立できてから仕事を人にお願いするほうが確実です。商品を取り扱う事業であれば、まず自分自身が納得いくまで検品や出荷のチェックをしてください。サービスを提供する事業であれば、最初は友人知人にサービスを受けてもらい、忌憚なき意見をいただいたうえで、不特定多数の方に向けたビジネスにするほうが無難だといえます。

✿お客様のクレームは貴重なご意見

クレーマーの人はまた別ですが、商品やサービスの不満を伝えることは、お客様にとってもかなり精神的に負担になる行為です。それでもどうしても伝えたかった、という場合、そのご意見はとても貴重だということを忘れてはいけません。というのも、1人の人が不満に思っているということは、クレームを言わず不満を感じている方が水面下でかなりの数いらっしゃるということです。クレーム内容をよく検討し、今後の商品やサービスの改善につなげていくことこそ、しっかりとした事業を確立していくうえでとても重要なことです。誠心誠意を込めたクレーム対応がお客様の心を打つ場合もありますよ。

5章

Q10

ネットで探した画像を使用したい

A

著作権者の許諾が必要

✿著作者には使用許諾を受け、使用料を支払う

ネットで見つけた気に入った画像。ダウンロードして自分一人だけで楽しむ分はよしとして、他に公開したり、商用利用したりするときには著作者の許可が必要です。画像が掲載されているサイトから問い合わせをして、使用料の支払いもしましょう。

✿ライセンスフリーの画像を検索できる

Googleの画像検索を愛用している方も多いでしょう。検索時にライセンスフィルタを使用すると、著作権フリーの画像を検索することができます。詳しくはGoogleのヘルプを確認してください。一覧に掲載された画像の著作権の所在や使用フリーかどうかは保証されていないので、画像から掲載されているページを確認するようにします。なお、著作者には「同一性保持権」という権利があり、著作者の同意なしに著作物を改変してはならない定めがあります。著作権フリーの画像でも、同一性保持権はありますので、使用する際の条件はよく確認しましょう。

✿そもそも著作権は、正当な著作者にあるもの

ちなみに、著作権は、著作者が著作物を創作したときに自動的に発生し、役所への登録も不要です。そうすると、誰が正当な著作者なのかは第三者にはわかりません。コピペが容易な現代。相手が確かに著作者か、確認したうえで契約することも重要です。

5章

Q11

契約書の見方がわからない

A

斜め読みでハンコは押さないで

✿契約内容、5つのチェックポイント

甲とか乙とか、契約書は見づらいですよね。今まで、労働契約書や住まいの賃貸借契約書は、中身も見ずに印鑑を押していたかもしれませんが、事業者になったら、それは危険行為です。とにかく読みましょう。次の5つの点は必ず押さえましょう。

①誰と誰との約束か（契約当事者）↑侮るなかれ！　問題頻発。会社か個人かも重要。
②何をすることを約束しているのか（業務内容）↑知らない人が読んでもわかる？
③いつから、いつまでの約束か（契約期間）↑無理な内容になっていない？
④支払金額と支払条件、支払時期（契約金額）　↑支払われなかったら大変なことに！
⑤約束が守れなかったときのペナルティ（違約条項）　↑読んで理解できた？

万が一約束が守られなかったときに出現するのが契約書です。とことんワーストケースが起きることを想像して、リスクを回避する手を打っておきましょう。

✿契約書の直し方

内容に不明点があったら、相手に直接確認を。「書いていないけど、大丈夫だから」などと言われても、口約束では効果はありません。加筆修正が必要です。正確に文書化できているかの最終チェックは、弁護士や行政書士にも相談してみてください。

📖契約書の知識は必要？→『好きを仕事に！』Q40

5章

Q12

人を雇いたい

A

方法は、雇用だけとも限らない

✿雇用するだけでなく、外注するのもアリ

人に仕事を手伝ってほしい時には、①労働契約を取り交わして人を雇用する、②派遣会社から派遣社員を受け入れる、③外注する、という3つの方法があります。手伝ってくれる人を時間や場所で拘束しなくても、やってもらいたい仕事が完成できるのであれば、その人と業務委託契約を取り交わし、外注してもよいでしょう。外注の場合は、使用者と労働者という関係にはならないので、労働法は適用されませんから、労働保険などの加入も必要ありません。

✿人を雇うときには3つのルールがある

まず、①労働契約を締結すること。書面に、契約期間、期間の定めがある場合は更新についての定め、仕事をする場所と内容、勤務時間と休暇、賃金の計算方法と額、賃金の支払方法と支払時期、退職するときの定めを明示する必要があります。従業員10名以上を雇用する場合には、就業規則を作成し届け出する義務があります。

それから、②労働保険（労災・雇用）と③社会保険（健保・厚生年金）に加入すること。加入には細かい条件がありますから、①・②は、仕事をする場所を管轄している労働基準監督署、③は、年金事務所に相談しましょう。

ちなみに、会社にならなくても、個人事業主でも人は雇えますよ。

📖人を雇うと助成金がもらえる？→『好きを仕事に！』Q36

実際に、起業や副業を始めてからも戸惑うことや、どうしていいか困ることも多いものです。

まずは行動、そして解消されない悩みはプロに相談することが近道といえます！

ビジネスを描こう！

「ビジネスコンセプト検討シート」の活用法

「やるからにはしっかり稼ぎたい」　そう思う方には、ビジネスコンセプトをしっかり考えることをオススメします！

次の１から６のステップで、ビジネスのタネが見つかります。

次ページからの記入例を参考に、ぜひトライしてみてください！

Step 1 これまでの仕事で身につけたスキルを棚卸しましょう。

Step 2 仕事以外で身につけたスキルの棚卸です。趣味も大切なスキル！

Step 3 世の中の流れによって、ビジネスは大きく影響を受けます。今後の世の中がどうなっていくのか、自分なりの考えを整理してみましょう。

Step 4 「スキル」と「世の中の流れ」がうまくマッチすると、成功の確率が上がります！　この組合せから、ビジネスアイデアを考えてみましょう。

Step 5 有望そうなアイデアを取り上げて、中身について検討してみましょう。具体的に、誰に、何を、どのように提供するのかを考えてみます。

Step 6 先に挙げたアイデアを評価します。お客様は多いか、独自性はあるか、収益性はあるかなど。やってみたいビジネスのタネが見つかりますよ♪

●１～６のシートは、キャリア 35 のホームページからダウンロード可能です。
https://career35.com/tokuten

●パスワードは「sukisigo2」

【ビジネスコンセプト検討シート】記入例

まずは仕事のスキルを棚卸！

直感でＯＫ！
Yes ／ No で
分けてみる

Step1　スキル棚卸表（仕事関連）

業　種	部　署	仕事内容	その仕事で使ったスキル（知識・ノウハウ）	そのスキルで他でも仕事ができそう？	それについて自信をもって語れる？	それを起業でも活かしてみたい？
建設業	総務	経理	簿記３級、決算	(Yes) ・ No	(Yes) ・ No	Yes ・ (No)
		営業事務	スケジュール管理	Yes ・ (No)	Yes ・ (No)	Yes ・ (No)
			業務マニュアル作成	(Yes) ・ No	Yes ・ (No)	(Yes) ・ No
			エクセル分析	Yes ・ (No)	Yes ・ (No)	Yes ・ (No)
		ホームページ更新	ワードプレス	(Yes) ・ No	(Yes) ・ No	(Yes) ・ No
				Yes ・ No	Yes ・ No	Yes ・ No
				Yes ・ No	Yes ・ No	Yes ・ No
				Yes ・ No	Yes ・ No	Yes ・ No
				Yes ・ No	Yes ・ No	Yes ・ No

アルバイト経験も
もちろんＯＫ！

ここを埋めてみよう

Step2　スキル棚卸表（仕事以外）

次は仕事以外のスキルも棚卸！

ここをざっと埋めてから…

Yes ／ No で分ける

趣味・教養など	趣味等で得たスキル	それを必要とする市場があると思う？	それについて、自信をもって語れる？	それを起業でも活かしてみたい？
海外旅行	格安航空券の効率的な予約方法	(Yes)・No	(Yes)・No	Yes・(No)
	ホテルメンバーシップの活用方法	Yes・(No)	(Yes)・No	Yes・(No)
	英会話	(Yes)・No	Yes・(No)	(Yes)・No
	アジアのディープな下町情報	(Yes)・No	(Yes)・No	(Yes)・No
		Yes・No	Yes・No	Yes・No
		Yes・No	Yes・No	Yes・No
		Yes・No	Yes・No	Yes・No
		Yes・No	Yes・No	Yes・No
		Yes・No	Yes・No	Yes・No
		Yes・No	Yes・No	Yes・No

まったく知らない人に語れるか？
くらいでOK

Step3　環境分析表

今と未来の世の中について、自分の考えを整理してみよう！

“正解”があるものではないので、自分の意見でＯＫ！

今はどうかな？

起業して３年後。世の中はどうなっていそう？

分　類	項　目	現　状	３年後の想像	その変化を機会として起業に活かしたい？
暮らし	ライフスタイル	個性化が進んでいる	個性化がもっと進む	(Yes)・No
		ワークライフバランスを重視する	残業は減って、収入も減っている	Yes・(No)
				Yes・No
	社会環境	外国人労働者が増えている	外国人労働者はもっと増える	(Yes)・No
		天災が多い	同じく天災が多い	Yes・(No)
				Yes・No
社会動向	問題になっていること	地方の過疎化	もっと過疎化が進んでいる	Yes・(No)
		高齢化	もっと高齢化が進んでいる	Yes・(No)
				Yes・No
	流行していること	フリマアプリ	中古売買がもっと身近になっている	(Yes)・No
				Yes・No
				Yes・No
ビジネス	成長している仕事	マッチングビジネス	安定期に入っている	Yes・(No)
		ネット通販	もっと伸びている	(Yes)・No
		訪日客向けの仕事	もっと伸びている	(Yes)・No
	減っている仕事	本屋などの小売り	もっと減っている	Yes・(No)
				Yes・No
				Yes・No

Step4　スキル×機会マトリックス

②起業に活かしたい機会を3つあげてみる

		事業機会（O）		
		1. 外国人労働者の増加	2. 中古販売の一般化	3. 訪日客向けの仕事
スキル（S）	1. 業務マニュアル作成	外国人労働者を増やしたい事業者に、外国人にわかりやすい業務マニュアルを作成をする	アイデアなし	外国人客を増やしたい事業者に訪日客向け対応の業務マニュアルを作成する
	2. ワードプレス	外国人労働者を求人する会社の情報や検索サイトを作る	中古品を仕入れてネット販売する	外国人客を増やしたい事業者に訪日客向け案内ホームページを作成する
	3. 英会話	日本の生活について勉強会を開いて情報を提供する	日本の中古品を海外に輸出販売する（外国人の個人輸入代行）	訪日客の買い物などにアテンドする

①自分の起業に使いたいスキルを3つあげてみる

“スキル×機会”で考えられる仕事をあげてみる
ここではやれるかどうか、実現可能かは
考えなくてOK。アイデアを広げよう！

②誰に、何を、どうやって提供するかを
具体的に考えてみよう。
これがビジネスの骨子になる。

代替策
ライバルとなる
サービスや会社

Step5　ビジネスアイデア検討表

ビジネスアイデア	Who（どんな要求を持った人か）	What（顧客に提供する価値）	How（代替策との違い）
外国人客を増やしたい事業者に訪日客向け対応の業務マニュアルを作成する	外国人客を増やしたい事業者（小売・飲食・サービス業）	訪日客に対応するための業務マニュアル	・国別の対応留意点などきめ細やかに記載 ・手頃な価格設定
外国人客を増やしたい事業者に訪日客向け案内ホームページを作成する	外国人客を増やしたい事業者（小売・飲食・サービス業）	外国人向けの英語版の事業者ホームページ	・テンプレートを使って手頃な価格に設定
日本の中古品を海外に輸出販売する（外国人の個人輸入代行）	日本の商品を手頃な価格で手に入れたい海外在住者	安心で簡単な中古購入取引代行サービス	・購入品の提案サービス

①“スキル×機会マトリックス”で出た
ビジネスアイデアで有望そうなものを3つあげてみる

Step6　ビジネスアイデア評価表

稼げる仕事に育てられるかチェックしてみよう！

ビジネスアイデア	対象顧客は多いか？	独自性はあるか？	収益性はあるか？	やってみたいか？	実現可能か？
外国人客を増やしたい事業者に訪日客向け対応の業務マニュアルを作成する	多い	ある	ある	やりたい	可能
外国人客を増やしたい事業者に訪日客向け案内ホームページを作成する	多い	あまりない	ある	まあやりたい	可能
日本の中古品を海外に輸出販売する(外国人の個人輸入代行)	多い	ある	あまりない	やりたくない	可能

Yesが多いほど可能性㊀
ここから事業のタネを見つけられると
成功のチャンスが高まる！

新たな始まりのためのおわりに

いよいよ『好きを仕事に！　はじめての起業相談室』最後のページです。ここまで読んでくださって、ありがとうございました。あなたの「好き」を掘り起こし、「仕事」のタネを見つけ、小さな一歩と成果が得られるまでのヒントをお伝えできていたら嬉しいのですが、いかがでしたでしょうか。

んっ？　もしかして、ゼロ（ゼロどころかマイナス？）から、新たな「1」を生み出すのって、思った以上にタイヘン？

そう思った方も多いのではないでしょうか。…はい、そうなんです。スピード感のある現代。無料ウェブサービスを使って簡単に始められたとしても、人との輪を広げ、自分のやりたいことができる環境を作り、一つひとつの経験を自分の身にしていくというプロセスは、案外、アナログのままなのではないかと思います。ましてや私たち、日々の暮らしに追われている身。割ける時間も労力も、思った以上に限界があります。何もしなくたって、毎日、あっという間に過ぎてしまいます、ほんとに…。

「お金もない、経験もないけど、今すぐやりたい」「自信がないから、もう一つ資格を取ってからにしよう」と思っているあなたへ。起業をゼロか100かで決めるよりも、私たちが提唱する3年計画で手堅くスモールステップを踏んで成長するローリスク起業をお勧めします。題して「ローリープラン」。ローリープランについては、前作『好きを仕事に！　私らしいローリスク起業』に詳しく解説していますので参考にしてくださいね。

「人生は思った通りにしかならない」という言葉があるそうです。モヤッとした妄想レベルでもいい。自由に夢を描いてみましょう。イメージできるということは、ゴールが何となく見えているということ。どうやったらたどり着けるか模索しながら、精一杯行動していきましょう。あなたの「好きを仕事に」に向けて、羅針盤が欲しいときには、キャリア35の私たちがいつでも力になりますよ！

一般社団法人キャリア35

行政書士　尾久　陽子

ファイナンシャルプランナー　氏家　祥美

中小企業診断士　楊　典子

会社経営　土川　雅代

著者

一般社団法人キャリア35

尾久陽子（おぎゅうようこ）行政書士／社会福祉士

氏家祥美（うじいえよしみ）ファイナンシャルプランナー
キャリアコンサルタント

楊　典子（ようのりこ）　中小企業診断士
産業カウンセラー

土川雅代（つちかわまさよ）会社経営／占い師

✿一般社団法人キャリア35とは

キャリア35は、自分らしく働きたい女性に「起業のいろは」を教える法律・お金・起業のプロ集団です。「相談者も支援者も同じテーブルについて、温かい雰囲気の中で力を合わせること」を大切に活動しています。

ホームページ ▶ https://career35.com

✿イラスト：おぎゅうようこ

好きを仕事に！　**はじめての起業相談室**

2019年4月5日　初版第1刷発行

著者　一般社団法人キャリア35

発行者　玉木　伸枝

発行所　株式会社ビーケイシー
〒102-0074　東京都千代田区九段南4-5-11
Tel：03-5226-5061　FAX：03-5226-5067
URL：http://bkc.co.jp　E-mail：info@bkc.co.jp

印刷・製本　株式会社ビードット

ISBN978-4-939051-60-9